特色课程建设丛书

丛书主编　杨四耕

饶　政◎主编

诗意栖居的课程愿景

智慧岛课程的逻辑与深度

华东师范大学出版社

·上海·

图书在版编目（CIP）数据

诗意栖居的课程愿景：智慧岛课程的逻辑与深度/饶政主编. —上海：华东师范大学出版社，2021
（特色课程建设丛书）
ISBN 978 - 7 - 5760 - 1431 - 0

Ⅰ.①诗…　Ⅱ.①饶…　Ⅲ.①小学－课程建设－教学研究　Ⅳ.①G622.3

中国版本图书馆 CIP 数据核字（2021）第 089045 号

特色课程建设丛书

诗意栖居的课程愿景：智慧岛课程的逻辑与深度

丛书主编　杨四耕
主　　编　饶　政
责任编辑　刘　佳
项目编辑　林青荻
特约审读　施寿华
责任校对　潘　宁　时东明
装帧设计　卢晓红

出版发行　华东师范大学出版社
社　　址　上海市中山北路 3663 号　邮编 200062
网　　址　www.ecnupress.com.cn
电　　话　021 - 60821666　行政传真 021 - 62572105
客服电话　021 - 62865537　门市（邮购）电话 021 - 62869887
地　　址　上海市中山北路 3663 号华东师范大学校内先锋路口
网　　店　http://hdsdcbs.tmall.com

印刷者　常熟高专印刷有限公司
开　　本　787×1092　16 开
印　　张　14.25
字　　数　215 千字
版　　次　2021 年 7 月第 1 版
印　　次　2021 年 7 月第 1 次
书　　号　ISBN 978 - 7 - 5760 - 1431 - 0
定　　价　44.00 元

出版人　王　焰

（如发现本版图书有印订质量问题，请寄回本社客服中心调换或电话 021 - 62865537 联系）

丛书总序　走向课程自觉

　　这是一个焦虑的时代,每一个人都忙忙碌碌;这是一个无坐标的时代,很多人都不知身处何方;这是一个看不见路的时代,大家都不知该如何去面对新的情境;这是一个感觉模糊的时代,对很多事我们缺乏了应有的自觉和反思。

　　面对这样一个时代,我们需要有起码的文化自觉。在费孝通先生看来,文化自觉是生活在一定文化历史圈子里的人对其文化有"自知之明",并对其发展历程和未来有充分的认识。换言之,文化自觉就是文化的自我觉醒、自我反省和自我创建。

　　要提升学校课程品质,实现立德树人根本任务,文化自觉是不可或缺的。在我看来,课程领域的文化自觉就是课程自觉,它是人们基于对课程的理性认识,为着课程品质的提升而有清晰的目标意识和科学的路径观念,自觉参与课程变革实践的理性之思与理性之行。

　　课程自觉是一种有密度的自觉,它不是一个简单概念,而是一种思想、一种行动、一种文化,包含课程自知、课程自在、课程自为、课程自省以及课程自立等基本构成。推进特色课程建设,我们需要怎样的课程自觉呢?

　　1. 清晰的课程自知。课程自知是人们对特定课程情境的自觉理解,对课程理念和愿景的清晰判断,对课程内容和框架的基本认识,对课程实施路径和方位的整体把握。认识课程,认识自我,这不是一件容易的事。对一位校长来说,课程自知意味着对学校课程规划的整体理解,自觉研判学校文化与课程建构的关系、育人目标与课程架构的关系、资源调配与课程实施的关系;对一位教师来说,课程自知意味着对学科课程群建设的自觉思考,自觉跳出"课程即科目""课程即教学内容"等狭隘的课程观,建立与立德树人要求相适应的崭新课程观。

　　2. 透彻的课程自在。萨特说:存在先于本质。他曾将存在分为自在的存在和自为的存在,自在的存在是物体同其本身等同的存在,自为的存在是同意识一起扩展的存在。课程自觉需要深刻理解课程自在的文化，需要完整把握课程自在的处境，需要清晰认识课程变革的制度环境和现实可能，进而意识到：哪些是可为的，哪些是不可为的；哪些是必须做的，哪些是可选择的；哪些是自己即可为的，哪些是需要制度支持的。

3. 积极的课程自为。按照萨特的观点，自为的存在是自我规定自己存在的。意识是自为的内在结构，自为的存在就是意识面对自我的在场。对课程变革而言，课程主体按照课程发展规律，通过自身的自觉行为和实践实现课程品质的提升，就是课程自为。课程自为意味着我们对课程自在的不满足，意味着我们开动脑筋思考课程变革的空间，意味着我们通过直面本己的课程实践培育新的课程文化，意味着我们在积极的卷入中推进课程深度变革。

4. 深刻的课程自省。课程自省即课程反思。杜威(1933)曾将反思解释为"思，我所思(thinking about thinking)"，他鼓励专业人士审思每一个专业判断之下的潜在逻辑。课程变革是一种反思性实践，需要对实践进行反思，再将反思带到新的实践中去。反思性实践是一种主动且持续地审视理论、信念和假设的过程，它可以帮助我们在课程实践中更好地理解自我与他人，选择合适的方式应对可能的情境。课程反思是凌驾于思维之上的更高层次的反思。当你站在既定的框架里去检查这些规则的时候，是无法发现这些规则的问题的；如果你可以跳脱出来，不带评判和预设地去分析这些规则，其中的不妥之处就会被你看到。课程反思是一种能力，当你掌握了这项能力的时候，你就像"觉醒"了一样，一样的世界，你却会有不一样的"看法"。这就是哈贝马斯所谓的"沟通理性"概念，提升课程品质特别需要这样一种理性：反省、批判和论证。

5. 持守的课程自立。《礼记·儒行》："力行以待取。"每一个人只有在自己的行动中，才能发现自己，才能向世界宣布他具有怎样的价值。课程自立是一个人认识到课程变革是自己的事，要有自己的立场、自己的创见，自持自守，不为外力所动，不随波逐流，进而"回到粗糙的地面"(维特根斯坦语)，自觉参与到课程变革中来。课程自立本质上是在课程自知、课程自在、课程自为以及课程自省的作用之下，依靠自己的自觉和力量对课程实践有所贡献，并在此过程中逐渐提升自己的课程能力和专业成熟度，确证自己的"课程人"地位，成为"自己的国王"。

当我们有了清晰的课程自知、透彻的课程自在、积极的课程自为、深刻的课程自省以及持守的课程自立的时候,我们便作为"有创见的主体"主动地介入到课程设计、实施、评价与管理的全过程之中了,学校课程深度变革便自然而然地发生了。

费孝通先生说:"文化自觉是一个艰巨的过程。"让课程意识从"睡眠状态""迷失状态"到"自觉状态",也是一个艰难而痛苦的过程。可喜的是,本套丛书的作者秉持课程自觉之精神,聚焦特色课程建设,在课程自知、课程自在、课程自为、课程自省和课程自立方面掘进,迎来了课程变革的新境界!

杨四耕

2020 年 7 月 3 日于上海市教育科学研究院

目 录

教育的本质是直抵内心的安宁，塑造丰富多彩的人生。语文不是文字的简单叠加，而是童趣妙生的文化之旅。我们渴望以"童趣语文"为课程理念，让儿童运用语言理解五彩斑斓的世界，感受生活的美好，用"童趣"书写生命中每一个绮丽的瞬间。

教育是眷注生命的事业，数学与生命深度关联。"磁性数学"课程理念旨在点燃学生思维火花,引导学生在生命旅途中敢于思考、勤于思考、善于思考,逐步拾起思维的砖块,在生活世界里筑造出属于自己的思维王国。

第三章　多彩英语：浸润在缤纷多彩的语言乐园　

歌德说:"人不光是靠他生来就拥有一切,而是靠他从学习中所得到的一切来造就自己。"英语是多彩的世界,充满乐趣。建立国际意识,让儿童既掌握知识技能,又丰富情感世界,获得与世界对话的能力,感受生命的缤纷多彩,便是"多彩英语"的旨趣。

第四章　魅力体育：以运动焕发儿童的生命活力　

生命在于运动,强健其体魄,文明其精神,完善其人格。通过"魅力体育",使儿童不仅学会赢得竞技胜利,更要懂得接受失败,学会完善并挑战自我。让儿童在体育魅力和精神的引领下,自由地奔跑、拼搏,追求更快、更高、更强的自我,焕发生命活力。

第五章　谐美音乐:以美好的旋律滋养儿童的心灵　

"谐美音乐"是我们共同的教学追求。引导儿童走进音乐世界,陶冶儿童的心灵,塑造他们健全的人格,使他们的生活变得丰富多彩,是我校音乐课程的使命。我们致力于帮助儿童感受美,体会美,探寻美,让他们乘着音乐的翅膀到达美好的彼岸,滋养心灵,快乐成长。

第六章　创意美术：用"美"点亮儿童生活　/ 159

　　用画笔表现所见所得是儿童生活中最为普遍的表达方式。伸出稚嫩的小手，描绘多彩的世界，表达心中的期望，在画面中感受着孩子们对世界的独特思考，这便是"创意美术"。尊重孩子的直观体验与表达意愿，感受丰富的媒材资源，在活动中体验不同材质美术作品带来的视觉感受，携手在活动中寻找美、发现美、欣赏美、创造美，是"创意美术"的追求。

第七章　纯真品德：感受纯粹而真实的品德世界　/ 179

　　民之秉彝，好是懿德。百行德为先，在人类发展过程中，纯真、善美的品德一直为人们所追求和歌颂，良好的品德教育对学生一生的发展具有深远意义。通过"纯真品德"课程，学生感受纯粹而真实的品德世界，逐步形成良好的品德行为与习惯，滋养品格，荡涤心灵，盈科而后进，朝着人生理想前行。

第八章　趣味科学：兴趣之光点亮科学探究之路　/ 195

　　科学之趣源自生活，科学之境体现于生活，科学之美实践于生活。科学是复杂的、是神秘的、是值得深刻探索的一门学科。科学是探究世间万物的学科，有丰富而又深刻的内涵。趣味科学旨在培养学生科学思维，提高学生科学素养，努力让兴趣之光点亮科学之路，让探究之力打开创新之门，让我们一起遨游于梦幻多彩的科学世界，感悟独特的科学旅程。

总论　向着美好生长

　　广州市黄埔区凤凰湖小学于 2017 年 9 月正式创办,是一所公办小学。学校位于广东省广州市中新知识城南起步区核心——凤凰湖畔,校园绿化面积广、树木葱茏、花香四溢、环境优美,是孩子们学习、成长的理想之地,体现了文化气息与自然生态的融合。结合这一特点,学校提出在自然生态的基础上,形成独特的教育生态,尊重每一个孩子的个性发展,由此形成了"着色生命,自由呼吸"的办学理念。从筹办之初至今,学校一直本着"一流的教育匹配一流的园区"的目标,以打造"知识城窗口学校"为己任,向着培育"全面发展的人"而孜孜以求。凤凰湖小学正面向每一个孩子的差异发展、每一位教师的特色发展、每一门学科的品牌发展扎实推进。

一、办会呼吸的学校

　　凤凰湖畔,碧水如玉,青葱小生,自信飞扬。我们栖身于凤凰湖畔,迎接灿烂朝霞,举目远眺群山绵延,松柏上悬挂雨后甘霖。我们踏上征程,如凤凰般孜孜追求,仍不忘回首栖木。花木叶落归根,野草待日重生,这是一种自然的生态景象。我们的教育应该维持这样一种生态,营造有氧生态圈,体现以人为本的教育愿景,因此,应当办一所自由呼吸的学校,并在此基础上确立学校的教育哲学。

(一) 学校教育哲学

　　我校提出"有氧教育"之哲学,把"有氧教育"作为学校的价值观和方法论。"有氧教育"是自然与生态的教育,是理想与诗意的教育,是和谐与美好的教育。

　　我们坚信,每一个孩子都是天使。作为教育者,我们面对的是一个个洋溢着灿烂笑容、欢唱出动听歌声的孩子;是具有生命意识、具有发展潜能、具有独立个性以及社会意义的活生生的人。只有精心呵护、细心培养，才能让每一个天使都绽放精彩。

我们坚信，激扬生命，舒展灵性，是教育的神圣使命。 学校，是弥漫着书香的圣洁之地，学校应成为孩子们舒展心灵、放飞梦想的处所。孩童的梦想在这里启航，孩童的灵感在这里迸发，孩童的活力在这里激扬。我们愿为每一位学子提供心灵的栖息地，德国诗人荷尔德林写道："如果生活是全然的劳累，那么人将仰望而问：我们仍然愿意存在吗？是的！充满劳绩，但人，诗意地栖居在大地上。"我们相信，学子们在凤凰湖小学能够感受生命中的每一份诗意与美好。

我们坚信，教育可以像呼吸一样自然。 芬兰的赫尔辛基市阿雷比亚学校的英语教师丽塔说："我们坚信学校应该是一个人人平等的地方，是家的延伸，而不是一个冰冷的禁地。"我们的教育应是一种自然的需求和精神的慰藉，它让人平和、喜悦、温暖，不惧怕、不伤心、不被强迫，像呼吸一样是人的需求，也是毫无困难、毫无顾忌、随心所欲的存在。

我们坚信，学校是自由生长的地方。 学生在学校里应该从容、愉悦地学习。孩子的发展有无限的可能，而且年龄越小，发展的可能性越大。孩子都有天然的学习动机和自主学习的能力，兴趣是孩子主动成长的不竭动力，是孩子自主探究的力量源泉，是孩子成才的重要资源，也是孩子感受生活美好的必备条件。

我们坚信，让心灵诗意栖居是教育最美的姿态。 教育者本身就应该是诗人。教育者如果没有诗人的气质、诗人的理想、诗人的激情，是很难真正把教育做好的。特级教师于永正先生曾说要蹲下身子来看孩子，和孩子交流。教育者如果拥有了一颗儿童的心，或许根本不需要去选择和儿童交往的方法，因为自己本身就是一个儿童。因此，真正的教育家应该拥有一颗童心，拥有一颗无瑕的、天真的、灵动的童心。教育以思为核心，以美为突破口，以情为纽带，以儿童活动为途径，以周围世界为源泉。在教育中，情感的要素要大于场景的要素，没有情感的融入，再好的道理也没有办法让孩子们真正接受。只要我们愿意秉承一颗赤子之心，努力挑战自我、活出最美好的自我，我们每个人都可以诗意地栖居在大地上。

基于上述观点，我校提出如下办学理念：着色生命，自由呼吸。教育是文化传承的命脉,是人之所以为人的基石,但学习同时也是人的天性,就像自由呼吸一样,是人最本真、自然的状态。作为教育者,我们应该舒展这种天性,给生命以阳光雨露,激发其内在的生命力,焕发出光彩,这就是着色生命的意义所在。

(二) 学校课程理念

孩子对一切事物都充满好奇,有强烈的求知欲,渴望创造发明。我们总是惊叹他们头脑中的"十万个为什么",总是感动于他们的可爱和纯真。我们的教育应该营造一种自然的生态,尊重个性,着色生命,让孩子身心得到和谐发展。因此,我校的课程理念是向着美好自由生长。具体内涵如下:

课程即生命场景。 人的一生总在不同的场景中轮换,一个场景代表一种经历,一种经历代表一种人生。在这幕如史诗一样波澜壮观的生命图景面前,每个人都有自己独特的情感体验。场景的呈现便是个体的诉说,场景的交错累积乃是情感的升华沉淀。我们的课程将向孩子们展现不同的生命图景,营造育人氛围,让孩子们主动去了解探索。

课程即意义赋予。 意义即以符号形式传递和交流精神内容,是人对客观事物的主观反映。具有意义赋予的课程是一种鼓励创新的、开放式的、多维度的课程;同时也是一种体验式的、交叉的、评价式的课程。鼓励不同学科师生相互交融、大胆质疑,迸射出思想的火花,从而形成自己的价值观、世界观和人生观。

课程即灵性滋养。 一花一世界,一叶一菩提,灵性的滋养需要从小处着手。我们的课程培养孩子亲近大自然的天性,返璞归真,让孩子在大自然的氧吧中自由呼吸,感受生命的真谛;培养孩子执着的思考能力,让孩子学会发现,收获美好;培养孩子珍贵的性情,有着细嗅蔷薇的灵动,真情流露,传递并创造美。

课程即文化相遇。 荷马史诗承载着一个帝国的兴衰,大卫的雕像闪烁着理性的光辉,历史的背后是文明的诞生、相遇和交融。在课程中我们学习过去,思考未来;感知历史,检阅经验。知识获得了重生,厚重的思想让文明继续前行。

总之,我们致力让学生在美好的情境中自由成长、在丰富的体验中自信健康,用有温度、有理想、有生命力的课程去温暖学生、感召学生、促进学生，让学生迸发出独特的智慧。因此，我校将学校课程模式命名为"智慧岛课程"。凤凰湖小学就是一个生机勃勃的"智慧岛"，美德花蕊枝头开放，散发自信清香；健美花草随风浅唱，沐浴智慧阳光；凤凰学子湖边诵读，诗意盎然；科学探索创新计算，人才一堂；丝竹琴瑟遇水墨线描，婉转美妙。美德、健康、语言、科学、艺术五岛构成了一个大的"智慧岛"，富有生命力的智慧岛屿衍生出自信而富有生命力的师生团队，为生命增添七彩之色。

二、 培育"有爱"的儿童

在"着色生命，自由呼吸"办学理念的引领下，我们努力培养"爱家国，懂感恩；爱智慧，喜探究；爱运动，乐生活；爱艺术，善审美；爱实践，会做事"的儿童（简称"五爱"儿童）。为了实现我校的育人目标，我们将"智慧岛课程"目标分年级细化如下（见表1）：

表1　凤凰湖小学"智慧岛课程"目标表

育人目标＼课程目标＼年级	低年级	中年级	高年级
爱家国，懂感恩	1. 了解学习成长的地方。 2. 认识家乡，了解家乡的风土人情。 3. 领略祖国山河，认识中华文化的丰厚博大。 4. 明理懂礼，具备基本的礼仪和公民素养。 5. 培育热爱祖国语言文字的情感。 6. 在学习语文的过程中培养爱国精神。	1. 认识家乡的地理位置，深入了解家乡生活。 2. 感受祖国山河的瑰丽多姿，增强热爱祖国的情感。 3. 学习中华文化，汲取民族文化智慧。 4. 认识宪法，知道法律面前人人平等。 5. 加强文化知识学习，培养德智体美劳全面发展的社会主义建设接班人。	1. 进一步了解家乡的自然环境，感受家乡变化，萌发对家乡的热爱。 2. 关爱自己及他人，了解社会，增强学生爱家、爱校、爱国观念。 3. 关心当代文化生活，吸收人类优秀文化的营养，提高文化品位。 4. 在实践中学习和运用语文，养成良好的语文学习习惯。 5. 树立健康的审美情绪，发展个性，培养创新精神和合作精神，逐步形成积极的人生态度和正确的世界观、价值观。

育人目标＼课程目标＼年级	低年级	中年级	高年级
爱智慧，喜探究	1. 知道浅显的科学知识，对自然科学产生兴趣。 2. 了解科学的起源。 3. 知道动植物的不同特点。 4. 观察并描述水的颜色、状态和气味等。 5. 会完成一些简单的实验和计算。 6. 在实践过程中保持好奇心和求知欲。	1. 认识园林植物，有条理地观察生物的变化。 2. 了解自然界中一些有趣的物理现象。 3. 知道物质的三种状态：固态、液态和气态。 4. 认识科学技术对人类生存与发展的重要影响。 5. 体验自然科学的乐趣，培养克服困难的意志。	1. 初步了解动物与植物之间的相互关系，了解生物的生存条件和多样性。 2. 能列举水的蒸发和水蒸气凝结成水的实例。 3. 认识漂浮；认识万有引力。 4. 了解机器人和编程。 5. 通过观察和实验感知力对物体形状和运动的变化。 6. 创意地探究和解决生活中的问题。
爱运动，乐生活	1. 乐于参加各种游戏活动。 2. 学习运动的基本知识，模仿简单的舞蹈或韵律活动。 3. 提高身体素质，养成良好的生活习惯和健康意识。 4. 能够通过运动初步控制和调整自己的情绪和行为。 5. 关注不良行为对身体带来的危害。	1. 掌握简单的运动技能，学会几组组合运动。 2. 学习乒乓球、羽毛球等运动技巧。 3. 初步掌握基本的自救本领，爱护自己的身体和生命。 4. 坚持锻炼，增强体能，促进身体健康。 5. 树立正确的人生观和社会观，培养集体责任感。	1. 获得体育和健康的知识和技能。 2. 了解体育活动对心理健康的作用。 3. 学生在和谐、平等、友爱的运动环境中感受到集体的温暖和情感的愉悦。 4. 通过训练提高抗挫能力和情绪调节能力，培养坚强的意志品质。 5. 在不断体验进步和成功的过程中，增强自信心，培养创新精神和创新能力，形成积极向上、乐观开朗的生活态度。
爱艺术，善审美	1. 能够主动发现身边美的事物，会欣赏美的事物。 2. 了解自己的特点，发挥自己的优势，有自信心。 3. 学会欣赏和尊重别人，对人宽容。	1. 丰富情感体验，培养对生活的积极乐观态度。 2. 通过音乐、美术的学习，使学生的情感世界受到感染和熏陶。 3. 在潜移默化中建立起对亲人、对他人、对人类、对国家、对一切美	1. 通过提供开放式和趣味性的学习情景，激发学生的好奇心和探究愿望。 2. 引导学生进行以即兴自由发挥为主要特点的探究与创造活动，重视发展学生创造性思维的探究过程。

育人目标＼课程目标＼年级	低年级	中年级	高年级
		好事物的挚爱之情，进而养成对生活的积极乐观态度和对美好未来的向往与追求。	3. 认识姊妹艺术的联系，感知不同艺术门类的主要表现手段和艺术形式特征。 4. 了解音乐、美术与艺术之外的其他学科的联系。根据自己的生活经验和已学过的知识，认识音乐、美术的社会功能，理解艺术与社会生活的关系。
爱实践，会做事	1. 了解自己的特点，发挥优势；学习他人的所长。 2. 学习料理自己的生活，尽量少给父母添麻烦；关心家庭生活，愿意分担家务，有一定的家庭责任感。 3. 知道家庭经济来源的多种形式，了解家庭生活必要的开支。 4. 珍惜时间，学习合理安排时间，养成良好的学习习惯，不抄袭、不作弊。 5. 知道生活和学习中会有困难，体验克服困难取得成功的乐趣，初步形成积极上进的生活态度。 6. 知道自己是集体中的一员，关心集体，乐于参加集体活动。	1. 学会欣赏和尊重别人，对人宽容。 2. 学习正确地对待生活中的问题、压力、冲突和挫折，学习自我调节的方法，提高适应能力。 3. 理解和体验做人要诚实守信，学会尊重人。 4. 知道家庭经济来源的多种形式。学习合理消费、勤俭节约。 5. 合理安排时间，养成良好的学习习惯，独立或合作完成学习任务。 6. 遇到问题能够积极想办法解决，体验克服困难取得成功的乐趣。 7. 关心集体、维护集体荣誉、乐于合作分享。 8. 简单了解《义务教育法》《未成年人保护法》《预防未成年人犯罪法》等与少年儿童有关的法律法规，学习运用法律保护自己，初步养成守法意识。	1. 拥有乐观心态，学会鼓励和赞赏他人。 2. 结合实例，举行有关善恶、美丑、荣辱等的辨析活动。 3. 讲一件自己或他人克服困难的实际事例，互相交流。 4. 回忆自己在面对压力、冲突和挫折时的想法和表现，在小组中交流各自的经验和体会。扮演冲突情景下的角色，由小组或班级进行评析。 5. 结合自己的生活，分析社会生活中关于诚信的事例，谈感受。 6. 尝试与同学合作完成一件事，并在班内交流自己的体会和感受。 7. 养成守法意识，并知道如何用法律维权。

三、心灵栖居的课程架构

凤凰湖小学以"有氧教育"为哲学,本着"着色生命,自由呼吸"的办学理念构建"智慧岛课程",旨在培养阳光、有思考力的教师队伍和自信、有创造力的学生。

(一) 课程结构

"智慧岛课程"包含语言岛、科学岛、艺术岛、美德岛、健康岛五大模块,课程结构图如下(见图1):

图 1　凤凰湖小学"智慧岛课程"结构图

1. 语言岛课程。语言是人类文化智慧的结晶,语言承载着独特的思维方式和情感底蕴。它以独特的魅力成为人们行动处事的工具。语言岛课程包含语文、英语低年段的语言课堂,注重培养学生兴趣和对语言的敏感度;中高年段加入创作鉴赏,培养学生的知觉品质和质疑精神,以此提升学生的文化素养。

2. 科学岛课程。科学岛课程以学生年龄特点为基础,以兴趣为切入点,通过了解前沿科学、体验科学与生活的奥秘,培养学生爱科学的精神,如畅游24点、方寸之间、量化生活等。学生学习如何将所学知识运用于实际生活。科学岛课程关注问题解决，旨在培养学生的动手能力和创新能力，发展学生的逻辑思维、批判性思维和创新思维。

3. 艺术岛课程。艺术是一门美的语言。艺术岛课程注重体验、技能、鉴赏，通过美术、音乐等项目的学习，根据不同年龄段学生的身心特点，引导学生了解并学习艺术的要素、原则和技法的构成，如水彩写生、轻巧黏土、黑白线描等，形成一定的艺术基础。凤凰湖学子通过长期的学习，最终达到"三个一"，即学会一项技能、形成一种爱好、培养一种气质。

4. 美德岛课程。美德教育是所有品德教育的基础，对于学生的道德品质有重要影响。美德岛课程通过活动和练习唤起学生的美德意识，并付之于实践。美德岛课程主要围绕"文明、整洁、诚实、自信、分享、责任感、奉献、挫折、人生理想"等主题展开，对不同年龄段的孩子分别进行认识和行为的引导，以此达到"知行合一"，形成美德。

5. 健康岛课程。健康岛的设置体现了有氧哲学的课程理念，即生态的教育，像呼吸一样自然。健康岛课程的核心便是关注人的自我调节和能量运用。自我调节包括身体与心灵，通过活跃肢体（跑得快、跳得远、投得准），调用感官（亲近身体），寻求内心（认识青春、认识自我）来达到身心的统一。

（二）课程图谱

"智慧岛课程"具有"多元化、个性化、儿童化"的特点，从而实现我校培养具有"五爱"精神的好学生的育人目标。我校的课程图谱见表2所示：

表2　凤凰湖小学"智慧岛课程"图谱表

智慧岛课程　　年级	美德岛课程	语言岛课程	健康岛课程	科学岛课程	艺术岛课程
一年级	1. 班队会课 2. 我的校园 3. 礼仪之初 4. 入队预备课 5. 集队和倾听	1. 鹅妈妈童谣 2. 一起来"磨耳朵" 3. Sight words 4. 外教口语	1. 队形队列 2. 跑得快 3. 跳得远 4. 投得准 5. 人体认识	1. 巧拼七巧板 2. 折纸游戏 3. 换钱游戏 4. 口算达人	1. 你画我猜 2. 大家一起画 3. 蜡笔童乡 4. 几何拼接画 5. 口风琴新手 6. 凤舞小种 7. 七色水彩

续表

年级＼智慧岛课程	美德岛课程	语言岛课程	健康岛课程	科学岛课程	艺术岛课程
二年级	1. 班队会课 2. 礼仪之行 3. 校园导游 4. 交流与表达	1. 英语歌曲童谣 2. Sight words 3. 音素 4. 童趣绘本 5. 外教口语 6. 拼音堡垒 7. 绕口令 8. 生活识字大王 9. 造字工厂 10. 搬运"形近字" 11. 查字典魔术手 12. 我是造句师 13. 一起阅读吧 14. 相约写话 15. 小小朗读者 16. 课文表演	1. 队形队列 2. 广播操 3. 韵律操 4. 乒乓球入门 5. 饮食健康	1. 口算能手 2. 拼拼画画 3. 尺量教室 4. 数学信息员	1. 彩舞飞扬 2. 暴走动漫画 3. 主题画 4. 黑白线描 5. 口风琴入门 6. 凤舞小苗 7. 纸布创意
三年级	1. 班队会课 2. 礼仪之窗 3. 校园导游 4. 团结与友爱	1. I like reading 2. 音素 3. Sight words 4. 诗海拾贝 5. 经典童书馆 6. 童言童话 7. 小小主持人	1. 广播操 2. 篮球入门 3. 足球入门 4. 运动损伤	1. 速算达人 2. 方寸之间 3. 量化生活 4. 数学信息使者	1. 水彩世界入门 2. 写意人生入门 3. 轻巧黏土（上） 4. 剪纸艺术 5. 口风琴进阶 6. 凤舞小花 7. 葫芦丝新手 8. 创意美术
四年级	1. 班队会课 2. 礼仪之门 3. 礼仪宣讲员 4. 尊敬与自立	1. 英文美读 2. 英语电影配音 3. 英语口语大赛 4. 音素	1. 篮球进阶 2. 羽毛球入门 3. 径赛学习	1. 速算与巧算 2. 畅游24点 3. 小小调查员 4. 图形世界	1. 水彩世界进阶 2. 写意人生进阶 3. 轻巧黏土（下）

续表

年级 ＼ 智慧岛课程	美德岛课程	语言岛课程	健康岛课程	科学岛课程	艺术岛课程
					4. 七彩扎染 5. 口风琴熟练 6. 凤舞小树 7. 葫芦丝入门 8. 同声合唱
五年级	1. 班队会课 2. 礼仪之堂 3. 礼仪宣讲员 4. 品质与素养	1. 英语阅读 2. 英语电影配音 3. 英语剧场 4. 创编绘本故事 5. 小小书法家 6. 咬文嚼字 7. 成语接龙 8. 谚语王国 9. 妙笔生花 10. 心灵写诗手 11. 安徒生粉丝 12. 王牌播报员 13. 评论小行家 14. 辩论擂台 15. 心怀天下	1. 篮球竞赛 2. 田赛学习 3. 青春认识	1. 速算与巧算 2. 量化生活 3. 畅游24点 4. 校园规划师	1. 素描入门 2. 油画入门 3. 凤舞小果 4. 葫芦丝进阶 5. 混声合唱
六年级	1. 班队会课 2. 礼仪之歌 3. 礼仪标兵 4. 理想与自强	1. 英语阅读 2. 英语电影配音 3. 英语剧场 4. 创编绘本故事 5. 古文学堂 6. 名著赏析 7. 童眼童心 8. 小小辩论家	1. 篮球竞赛 2. 田径竞赛 3. 损伤康复	1. 速算与巧算 2. 图解数学 3. 问湖几何 4. 生活与数学 5. 数学大思维	1. 素描进阶 2. 油画进阶 3. 凤舞精灵 4. 葫芦丝熟练 5. 金声合唱

四、 让学习像呼吸一样自然

我校课程主要通过"有氧课堂""有氧学科""有氧节日""有氧社团""有氧文化""有氧整合""有氧之旅""有氧互动"八大途径实施。

(一) 建构"有氧课堂",落实学科基础课程

"有氧课堂"好比有氧呼吸,是指细胞(寓指学生)在氧的参与下,通过多种酶(寓指教师)的催化作用,把有机物彻底氧化分解(寓指学生潜能得到开发),产生二氧化碳和水,同时释放出能量(寓指个性成长)的过程。我校课程教学团队努力践行"向着美好自由生长"的课程理念,建构独特的"有氧课堂"。

1. 教学目标:饱满。关注学生的自由生长,充分考虑学生的需求,尊重个体差异,有效促进学生的可持续发展,焕发学生的生命活力。

2. 教学过程:立体。教学是师生互动生成的。教师与学生分享彼此的思考、经验、观点,交流情感体验,形成互助、互惠、共享的关系。

3. 教学内容:丰富。根据学生的实际水平和认知特点,做好教学资源的"加减法",突出教与学的重难点,做到教学内容多样化、循环化、生活化。

4. 教学方法:灵动。"低起点(基本供氧)、高密度训练(持续输氧)、多循环巩固(自由加氧)、匀加速提升(主动吸氧)",努力用生活化的语言将教学目标转化为学习目标,让每一位学生都能在课堂的"氧吧"中自由呼吸。

5. 教学评价:多元。以促进学生的全面发展为目标,倡导多元评价主体(教师、学生、同伴、家长),既关注过程也关注结果,关注课堂亦关注课外,寻求过程性评价和总结性评价的和谐统一。

6. 教学文化:自由。课堂教学应如大自然的氧吧,学生在这里自由呼吸,教师在这里精彩绽放,一起享受"有氧教育"的幸福。

(二) 建设"有氧学科",落实学科拓展课程

以"教学主张"为抓手,组织教师培训、学习、提炼、宣讲、完善、实践、反思逐步完成"有氧"特色学科的构建,具体如下:

1. 加强学科课程建设,形成"1＋X"学科课程群。从知识的角度,学科是一个按知识模块划分的课程。每门学科均可形成"1＋X"学科课程群。1指基础型学科课程,X指学科延伸课程。教师基于个人"教学主张",开发1至2门"微型课程"。这些由教师开发的学科延伸课程既可独立实施,亦可与基础型课程进行整合,作为某一环节嵌入学科课堂教学。

2. 提炼"学科教学"经验,促成课题研究成果。教学活动的形态是学科的重要组成部分,让学科教学更有品质,是每一个有思想见解的教师追求的共同目标。学校鼓励教师及时梳理教学经验、撰写教育教学论文,主动开展课题研究、提炼教研成果,提升教育科研水平。

3. 加强学科团队建设,提升教师专业素养。根据学校教师队伍的发展规划,制订学科教师发展计划,逐步培养骨干教师、学科带头人和名教师。(1)采用师徒结对形式,认真落实青年教师的"传、帮、带"工作,在思想、工作、生活等方面关心青年教师,使新教师尽快熟悉教学常规要求和教学基本规律。鼓励青年教师参加各级各类的教学竞赛活动,促进其专业发展。(2)充分发挥名教师的示范、辐射作用,促进名师再发展,提升学科团队整体水平。(3)在学科教研组内形成互助合作、共享成果的良好教研氛围,在团队的学习、研究、实践、反思中,提高团队工作绩效。(4)协助学校领导做好教师的思想工作,充分调动教师关心学科建设和学校发展的积极性,以教师专业发展实现学科和学校的最大发展。

4. 加强学科学习的研究,形成符合学生实际的学法指南。学法指南是变被动学习为主动学习、变枯燥学习为快乐学习、变低效学习为有效学习的法宝。教师可根据实际,帮助学生总结学法,并在教学活动中激励学生进行互动分享,指导学生进行自我调控,帮助学生构建学习方法体系。

(三) 创设"有氧节日"，落实节庆文化课程

为有效实施学校课程计划，让学生体验轻松愉快的校园氛围，依据"有氧教育"的课程哲学，设立一系列节庆文化课程，主要分为以下三种类型：

1. 校园节日。我校文化气息和自然生态相互融合，在课程设置上注重教育生态，提高有氧教育质量，具体设置如下（见表3、表4）：

表3　凤凰湖小学"智慧岛课程"校园节日表

校园节日	时间	内容和要求
元旦(诗词大会)	每年1月	将中华诗词和元旦相结合，感受中华诗词的博大精深。通过比赛和演绎的形式，让学生接受诗词文化的熏陶，变得自信豁达，提升学生文化素养。
有氧读书节	每年3月下旬	主题："拥有阅读，幸福一生" 内容：书法比赛、师生共阅一本书、师生共创一个故事、我手写我心(作文比赛)等，培养学生养成良好的写作习惯和阅读习惯。
有氧运动日	每年5月	有氧强调"可持续的身心健康"，包括身体和心理。通过常规体育项目竞技和花样团康游戏，培养学生合作的意识和健康积极的心态。
有氧儿童节	每年6月	儿童节是学生的节日，开展丰富多彩的活动，辅以有氧儿童的评价机制，激发学生热爱生活、热爱校园的丰富情感，让每个学生放飞梦想、拥有快乐，度过充实而有意义的儿童节。
有氧学科节	每年10月	通过开展学科节，增加学生对学科知识的理解，有利于培养学生仔细观察、认真思考的品质，加强实践性。
有氧艺术节	每年11月	通过多种文娱活动(粤剧表演、卡拉OK比赛、童话故事比赛、舞蹈展演等)，营造积极向上、和谐健康的校园文化氛围，以艺促智、以艺载德、以艺激情，发挥学生的主动性和创造性，培养学生的艺术修养。

表4 凤凰湖小学"智慧岛课程"学科节日表

学科节日	时间	内容和要求
灵性语文节	每年3月	第一阶段：结合教材，低年级以朗诵诗歌为主，中高年级以朗诵美文为主。第二阶段：讲演结合，现场进行讲故事比赛。第三阶段：校园金话筒、广播站小采访等活动。第四阶段：以写话和写文为主。
智趣数学节	每年4月	通过一系列的数学活动，比如二十四点、魔方、拼图等，营造人人喜爱的数学学习氛围，弘扬数学文化，充分挖掘学生的潜能，提高学生的数学素养，感受数学的魅力，享受数学学习的乐趣。
活力英语节	每年5月	分年级开展绘本配音比赛，让学生体会语言的魅力，提高英语听说和口语能力。结合外教口语课资源，开展"speak loudly"的口语比赛，全程用简单英语进行交流。
缤纷音乐节	每年9月	结合红领巾广播站，开展鉴赏音乐平台和点歌互动活动，提高学生的音乐鉴赏能力。举行音乐沙龙，分享音乐故事。
磁性科技节	每年10月	结合科学教材和学生兴趣确定主题活动，激发学生学习科学知识的兴趣，提高学生的科学素养。
创意美术节	每年11月	全天利用宣传栏、风雨长廊、展板等展出学生课堂上的画作，并进行全校性投票评比，以此激发学生对绘画的热爱。
开心体育节	每年12月	通过趣味运动和班级运动比拼，提倡运动健身，展现学生的良好精神风貌，引导学生德智体美劳全面发展，促进身心健康发展。

2. 传统节日。传统节日贯穿于学生的成长教育中，引导学生成为一个感恩过去、珍惜现在、憧憬未来的积极学生。取材源自中华民族优秀传统文化和优秀精神材料，以传统节日、纪念日和传统节日习俗(二十四节气)为契机，开展多种活动。根据《中小学德育工作指南》，各中队、各个班级配合展开专题教育活动，贯彻落实"立德树人"的目标。具体设置如下(见表5)：

表5　凤凰湖小学"智慧岛课程"传统节日活动表

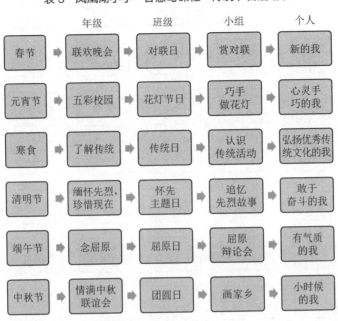

3. 现代节日。现代节日与人类生活息息相关。通过节日活动,在年级和班队中形成仪式感,引导学生怀着一颗感恩的心认识社会。在活动中增强学生的动手能力和创造力,丰富学生的生活。具体设置如下(见表6):

表6　凤凰湖小学"智慧岛课程"现代节日活动表

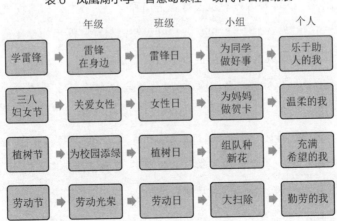

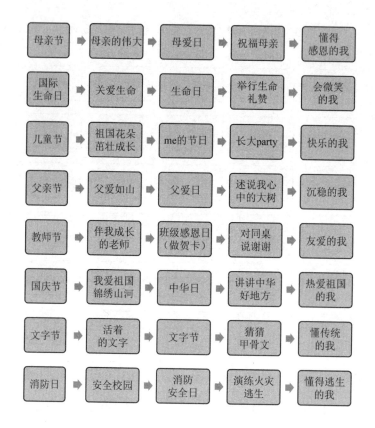

（四）开设"有氧社团"课程，丰富学生学校生活

音乐、美术、手工、体育等教育资源都是为培养德、智、体、美、劳全面发展的学生而服务的。这是"五育"教育的主张，也是我校开设"有氧社团"课程的要义所在。学校开设的社团活动以有氧课程为依据，形成以下六大类别社团。

1. 德育类社团。以养成教育为基础，以礼节教育为核心，以学生为本，开设了少先队仪仗队社团。

2. 体育与健康类社团。本着"锻炼心智，磨练意志，促进身心和谐"的宗旨，注重学生的心理健康和身体健康，开设了学习急救常识、掌握情绪健康等社团；同时开设了篮球、击剑、武术、跆拳道、啦啦操、乒乓球等社团。

3. 艺术类社团（包括美术、音乐）。以学习为目的，以兴趣为纽带，求同存异，在交流中进步,在交流中成长。学校开设以下社团:美术有儿童画、手工、轻黏土等社团;音乐有口风琴、葫芦丝、竖笛、粤语歌、粤剧等社团。

4. 科技类社团。为开发学生的智力,学校多次组织学生参加各类科技活动的观摩与实践,丰富学生课余生活,并开设小小科学家、航模制作、火箭模型制作、无人机试验等社团。

5. 思维类社团。为了提高学生动手实践能力,增强学生的逻辑思维和创新意识,学校开设趣味数学、魔方、围棋等社团。

6. 语言与文化类社团。为锻炼学生的口头表达能力,提高学生演讲的技巧,学校开设语言艺术班、校园小记者站、广播站、卡通英语、外教课等社团;文化类社团有书法、朗诵、名人岛国等。

以丰富学生的校园文化生活、增强学生综合素质为目的,围绕"展现缤纷社团,共建绿色校园,继承社团精神,彰显学子风范"的主题,由学校主办、各学生社团承办,面向全校同学开展了各项主题鲜明、各具特色的社团活动。

(五) 聚焦"有氧文化",落实校园环境课程

校园文化环境是学校精神文明的重要载体。在书香校园这个大背景下,"让墙壁说话"呈现出丰富多样的文化内容和思想信息,包括名人名言、格言警句、艺术作品、学生风貌、班级文化、知识活动等。

1. 大厅文化建设。凤凰湖小学大厅虽小,但文化建设种类多样。根据整体优化具有岭南地域特色建筑的原则,我校优化校园文化的各个要素:走进校门,首先映入眼帘的是具有岭南地域特色的照壁。左前方的橱窗中,根据学校各个时期的教育中心,定期更换宣传内容:如《小学生日常行为规范》《小学生守则》《师德规范》等。照壁正后方是"图书角",是放学未能被家长及时接回家学生休息、看书、做作业的好去处,也是师生单独谈话的好地方。"图书角"还放置了许多玩具,为学生营造温馨氛围,舒缓等待父母的焦急心情。前厅最后方是作品栏,用于展示学生的美术、书法作品,也是展示学校文化特色的地方。另外,日后我们将在前厅展示更多的学生作品,不仅展示

平面作品,还将发掘立体空间元素作品展示,如车模、航模、3D打印作品、立体手工作品等。

2. 廊道文化建设。根据学校廊道平均人流量,我们择佳进行学校品牌文化内外宣传。在不同区域展示不同内容,以体现学校文化理念的教育活动为主要展示内容。(1)各班级走廊是班级文化展示的有效空间,各班将班级的口号、班会内容加以梳理美化,展示在教室门口的走廊处,向全校师生展示班级文化。(2)二楼连接处走廊已设置"读书角"与"教师辅导区",此外还可在墙壁处增设年级展示墙或科组展示墙,用于展示本年级或科组的学生作品、教师作品等。(3)楼梯部分保留"特色大队活动角",另外悬挂装裱好的学生优秀作品以及名人名言、安全提示。(4)前厅斜坡走廊已有教师风采栏、美术作品栏,将在右边墙壁增设宣传栏,另外当每学期举办美术作品展时,还将在此处增加移动画架用于展示作品。(5)各走廊顶部悬挂塑料绿植进行装饰,不定期会更换一些美术作品悬挂。(6)体育与健康知识的展板。

3. 教室文化建设。整洁幽雅的教室环境有"春风化雨,润物无声"的作用。丰富多彩、健康高雅的教室文化,可以增强学生对学校生活的兴趣,从而热爱学校生活、热爱文化学习,形成健康向上的学风和校风。(1)教室外部美化:美化教室门窗,新刷一道油漆;维修教室、办公室窗户,上层窗户全部加风钩,窗户安装风钩并加装小拉手,以便开、关;窗户玻璃加贴透明护窗纸,以防止玻璃损坏伤人。彻底清除卫生死角,及时处理已损坏的桌椅、烂玻璃、垃圾。教室门口统一制挂班级标识。修缮各教室门,做到门能开关自如,排除安全隐患。(2)教室内部美化:教室用电线路调整规范,灯具安装整齐;日光灯开关均可换成按钮式开关,开关集中在教室前方(或每间只安装一个开关),方便控制。教室卫生角统一安置于教室后靠围墙一角。清理学生课桌,尽量做到统一、整齐;闲置课桌搬至保管室备用。教室前黑板上方统一悬挂国旗、张贴名言警句和学风口号,要求能够体现班级特色、个性。教室课桌做到规范、统一。

4. 办公室文化建设。办公室文化建设是学校校园文化建设的重要组成部分。近年来,我校立足实际、开拓创新,在搞好大众化办公室文化建设的基础上,又进行了如下有益尝试：其一，镜面寄深情。俗话说："小镜面，大天下"，学校为每个办公室配发了一块 80 厘米高、60 厘米宽的镜面，安装在办公室门口一侧的内墙上，便于教师们出入办公室时检查仪表形象。其二，组训现和谐。学校为每个办公室配置了一块组训宣传牌。宣传牌包含本组教师合影和组训两方面内容。合影在上、组训在下，委托喷绘公司精心绘制而成，悬挂在办公室内最显眼处。组训的内容，由本组教师集体讨论确定。亲密无间的合影、积极向上的组训，激励着教师们顾全大局、齐心协力，携手共上新台阶。其三，花卉增温馨。学校积极创造条件，让花卉走进每个办公室，走到每位教师身边。养花即养性，养花的过程也是一个陶冶情操、修身养性的过程，让花卉走进办公室，对教师们身心健康无疑是大有益处的。其四，桌面寓个性。学校作了明确规定，让教师们把桌面划分为三部分：右前方为教学资料区，左前方为电脑区，正前方为个性展示区。每位教师都可以在个性展示区摆放自己喜欢的微型花卉、宠物雕塑等，也可以放上袖珍鱼缸，养几条可爱的金鱼，随时感受生命气息。

（六）做活"有氧整合"，落实专题教育课程

专题教育注重培养受教育者对社会现象和社会问题的认知，我校的专题教育在整合多学科、多途径的基础上，形成丰富的"有氧整合"专题教育。我校紧扣学校"五爱"的育人目标，结合学校的课程实际和学生身心发展的特点，从学习教育、纪律教育、礼仪教育、服务教育、安全教育、卫生教育、磨砺教育等方面，制定了一至六年级 12 个主题的课程内容，具体如下（见表 7）：

表 7　凤凰湖小学"智慧岛课程"主题设计表

年级	课程安排	课 程 内 容
低年级	我们的开学季	1. 开学啦　2. 识国旗唱国歌　3. 上课了，你准备好了吗？　4. 从小养成好习惯　5. 学习要专心　6. 上下楼梯守秩序　7. 我有"七个好朋友"　8. 认真上好课　9. 不做"邋遢"猫　10. 你今天锻炼了吗？　11. 我会学，我能行　12. 妈妈的好帮手　13. 讲究饮食卫生　14. 过马路要注意安全　15. 走进大自然　16. 小小种植家　17. 开笔礼

年级	课程安排	课 程 内 容
	我是少先队员	1. 就是要有勇气　2. 独立完成作业　3. 集队快静齐　4. 教你敬队礼　5. 时间老人的话　6. 食不言，寝不语　7. 爱护心灵之窗　8. 环保小天使　9. 劳动有苦也有乐　10. 环保"小卫士"　11. 提防"无牙老虎"　12. 不做旱鸭子　13. 游泳要注意安全　14. 这样做对吗？　15. 走进体育馆　16. 小小种植家　17. 入队仪式
	美丽的凤凰湖	1. 感受凤凰湖自然风景之美　2. 画"凤凰湖"　3. 剪纸"凤凰湖"　4. 凤凰湖之歌　5. 测量凤凰湖　6. 探索凤凰湖　7. 亲近凤凰湖
	我爱传统文化	1. 经典美文诵读　2. 中华传统美德学习　3. 经典名人典故讲故事比赛　4. "凤凰曲艺社"粤剧展演　5. 走进广州博物馆
	安全教育	交通安全——初步掌握交通安全知识与基本技能 消防安全——知道常见的求援电话，逃生演习
	礼仪教育	培养良好礼仪和传统美德，增强社会责任感
中高年级	学习准备期	1. 课堂常规训练　2. 文明礼仪督导队活动　3. 校园广播播报文明礼仪事迹　4. 队列训练　5. 写字课常规训练　6. 阅读课常规训练　7. 班级集体展示训练
	科技知识城	1. "小脚丫知与行"参观知识城展厅　2. 科学探索知识城高新项目　3. 描画未来知识城　4. 综合实践走进高新技术企业　5. 了解知识城，学会介绍知识城
	安全教育	交通安全——学习交通法规的相关内容 消防安全——正确面对灾害，珍惜生命，学习必要的自救技能
	小小少年	1. 大胆说出自己的见解　2. 学会礼让　3. 学会预习、归纳、整理　4. 待人接物讲礼仪　5. 作文要积累素材　6. 就餐礼仪讲究多　7. 在图书馆里　8. 安全使用煤气　9. 不去网吧　10. 从小学会理财　11. 植物是我们的朋友　12. 坚持到底　13. 在灾难面前　14. 锻造一颗坚强的心　15. 走进企业　16. 小小种植家
	法制教育	1. 培养学生对法律的兴趣，认识与地球知识相关的《森林法》《土地法》《环境保护法》等，学习与自身安全出行有关的《交通安全法》等 2. 了解宪法是国家的根本大法 3. 懂得遵纪守法的重要性，养成遵纪守法的习惯
	我们的毕业季	1. 小学阶段总结　2. 个人义务教育阶段生涯规划　3. 我理想中的初中生活　4. 回顾小学精彩瞬间　5. 我们的毕业典礼

专题教育不仅使受教育者掌握一定的专题教育基本知识与技能,还能有助于公民素质的培养。我校专题教育的实施途径主要有：课堂教学、社会实践活动、团队活动及校园文化熏陶等。

1. 与综合实践活动结合。综合实践活动是在教师引导下学生自主进行的一种研究性、交往性的综合性学习活动;是基于学生的经验,密切联系学生自身生活和社会实际,体现对知识综合应用的实践性课程和经验课程。通过综合性实践活动对学生进行专题教育,超越了教材、课堂和学校的局限,超越了具有严密知识体系和技能体系的学科界限。学生在户外课堂中能够亲身参与和经历社会领域的生活或活动,丰富教学内容。

2. 与学科教学结合。"学科渗透"是实施专题教育的另一重要途径。各学科在本学科教学内容中渗透环境教育等专题教育内容,既容纳了专题教育的知识和技能,又保留了现有课程的完整性,使学生在掌握学科知识和技能的基础上,拓宽原学科课程的教学内容。

3. 与团队活动结合。团队活动是一种以班团队为单位,以适应班级、学校和社会生活为目的而开展的有计划、有目的、有组织的教育活动。例如,学校清明节"缅怀先烈,珍惜现在"专题活动就是以少先队为落点、中队承办的学校专题教育活动。活动由中队辅导员带领队员们策划并组织专题教育,在此过程中学生的综合能力得到了充分的锻炼。

(七) 推行"有氧之旅",落实研学旅行课程

我校的研学旅行课程立足于本土,旨在开发有益于学生身心健康的课程,研学旅行可以做到"三结合"：一是结合学校办学理念和价值追求,课程资源具有特色。根据我校"着色生命,自由呼吸"的办学理念和培养有氧少年的目标,研学活动要求学生打开本真心灵,走向纯粹自然,突出体验,亲近自然。二是结合本土自然资源,课程资源选择凸显本土性。我校位于凤凰湖畔,处于中新知识城中心地带,研学活动要注意本土性,凸显区域特色。我校将组织学生去凤凰湖踏青、认识九龙地区、攀登帽峰山、参

观知识城展厅等，通过对本土本乡自然、经济、文化的了解，加深对家乡的热爱，进而产生爱国情感。三是结合学科知识和综合实践活动，课程活动设计体现系统性。研学旅行的目标是带领学生走向智慧和进行创造，为学生的幸福生活和生命成长打下坚实的基础。作为学生成长的推手，学校应该将研学旅行纳入教育教学计划中，与各学科综合统筹，将自然、历史、地理、科技、人文学科等有机整合起来，辅助社团资源，发挥研学的最大价值。

根据综合实践活动的模式，我校的研学旅行可以分为三种：

1. 文化考察式。结合当地资源考究当地文化，如帽峰山一日游、中新知识城的发展规划、过去的九龙镇、朴实的九佛情怀、凤凰湖小脚丫徒步旅行等，结合开展理想主义教育、爱国教育、革命传统教育，感受革命光荣历史，感受改革开放的伟大成就。

2. 公益服务式。与社区机构合作，如环境保护协会、消费者服务机构、当地敬老院，开展"我是义工我自豪""我为敬老院献爱心""绿在脚下""我是点灯人"等活动。结合我校地理位置，组建护航志愿队，丰富研学课程，促进我校公益事业的发展。

3. 情境体验式。与不同学科相结合，围绕凤凰湖因地制宜开展研学。比如语文学科中的"凤凰湖小诗人""凤凰湖话剧赛"；数学学科中的"量量凤凰湖"；英语学科中的"我是小小翻译家"；音乐学科中的"我与凤凰湖有个约会"；美术学科中的"醉美凤凰湖"等。

研学强调知行合一，将知识和实践结合起来。因此研学旅行课程的内容和目标逐渐从单一到多元，突出体验式和研究性学习，引导学生朝着多元成长的方向发展，以培养学生的综合素养。

（八）整合"有氧互动"，落实家校共育课程

为实现学校、家庭、社会三位一体的良性办学愿景，我校形成了"有氧互动"的家校共育课程。

1. 变单向沟通为多维度互动。我校利用学校公众号、家长群、家长开放日等，畅通家校共育渠道。学校积极利用公众号、家长群、家长开放日等途径积累家校共育资

源,发布校园动态活动,为家长创设一个参与学校工作的有利环境。家长能通过以上渠道关注孩子在学校的学习情况,对学校的教育思想和教学目标有一定的了解,从而更好地参与家校共育工作。

2. 变教育旁观者为课程参与者。学校以体育文化节、艺术节、读书节等校园节日为依托,开发出系列亲子活动课程。如体育文化节的亲子越野赛、亲子三足跑、亲子踏石过河、亲子插红旗等。此外,艺术节的亲子同台演出、亲子同绘一幅画;元旦迎新文化展示的亲子戏剧、亲子吟诵、亲子书信大赛等各种亲子课程,可以使家长不知不觉地成为课程的参与者。这些活动不仅密切了亲子关系,也搭起家校协同教育的桥梁。

3. 变被动合作者为课程组织评价者。一是学校以家委会为主,组织开展校外实践课程。学校引领家委会每学期根据自身的社交信息及节气等因素,确定校外实践内容,然后向学校提交活动审批报表,学校考察同意后,家委会进一步下发班级详细活动方案,开展活动。活动结束后班级家委成员将活动的相关图片、文字等信息,通过校园网、班级博客、微信群等多种方式进行宣传报道,使校外实践活动不仅广受关注,而且组织评价也越来越规范。二是以学校特色校本课程为载体,开展家校协作。这是家长角色转变由点向面逐步推开的工作。此项工作由学校牵头,结合学生的生活及成长需要,设置课程目标、开发课程内容、制定评价标准。然后,下发相关资料,由家长担任教师,以家庭为阵地,利用寒暑假及双休日开展课程学习,家长同步评价引领。学校则定期组织以班级为单位的抽号竞赛。由于参与了课程实施,很多家长的理念与角色都开始发生变化,学生也因为家长的变化而成长得更迅速,周末与假期生活也变得更丰富多彩。

4. 变家庭教育者为校本课程开发与实施者。在学校的教育资源中,有一项资源最广大最多样化,那就是家长学校推出"家长教师进课堂"活动。活动以"班级家委会组织家长申报—学校审核—班主任与家长共同实施"为基本步骤,由家长根据自己的专长开发教学内容,形成课程,每周安排固定时间,全校各班级全面开课。金融理财、创意制作、航海科技、服装制作、种子拼图、擒拿术、山地车等五花八门的课程,不仅有效填补了原有三级课程内容及师资力量的不足,更使学生在家校协同的课程开发活动中开阔了视野、增长了见识，增加了对父母工作的认识，增进了对父母、社会的理解与感恩。

综上所述，"有氧教育"的核心是自然、理想、生态、诗意、美好的教育，让孩子向着美好自由生长。坚持"着色生命，自由呼吸"的办学理念，以落实"有氧教育"为着眼点，立足"智慧岛课程"建设，打破学科体系与社团活动界限，重视有氧文化对学生的熏陶内化；整合"有氧教育"资源，尤其是发挥家庭和社会的联动作用，提升学校品质，构建可持续"有氧教育"生态圈。

第一章

童趣语文: 沉浸在丰富多彩的语言世界

　　教育的本质是直抵内心的安宁,塑造丰富多彩的人生。语文不是文字的简单叠加,而是童趣妙生的文化之旅。我们渴望以"童趣语文"为课程理念,让儿童运用语言理解五彩斑斓的世界,感受生活的美好,用"童趣"书写生命中每一个绮丽的瞬间。

凤凰湖小学现有专任语文教师 16 人，其中有高级教师 1 人，教师队伍优良，结构合理。学校语文教研组有规划、有组织地开展教科研活动，校内先后开展各种形式的学生活动，并取得一定的成果，提高了学生的整体素质。我校依据《教育部关于全面深化课程改革　落实立德树人根本任务的意见》《义务教育语文课程标准（2011 年版）》等文件精神，进一步推进语文学科课程群建设。

第一节　语文是儿童的情味

一、学科性质观

《义务教育语文课程标准（2011 年版）》指出：语文课程是一门学习语言文字运用的综合性、实践性课程。基于这种认识，我们教研组认为，语文课程的核心价值是：学习祖国语言文字的运用，让学生通过学习范例和实践，在学习、未来工作中运用好语言文字，促进学生精神成长。

二、学科课程理念

依据《义务教育语文课程标准（2011 年版）》的精神，结合我校办学理念、语文学科实际情况，使儿童在语文学习中进一步感受生活的乐趣，激发儿童学习语文的热情和动力。现提出我校语文学科的核心概念为"童趣语文"。我们认为，儿童学习是以语言文字作为媒介，把知识和外界融合生成属于自己的知识系统，以满足儿童个人情感需求的过程。因此，语文是儿童的情味。

（一）"童趣语文"是儿童的语文

围绕儿童发展过程中的情绪、知觉、思维方式、记忆方式、学习方式以及儿童具有的天真、活泼好动的特点，有针对性地开展属于儿童的语文课堂，促使儿童发现学习的乐趣并热爱学习。

（二）"童趣语文"是丰富的语文

以语文知识为基础，以识字与写字、阅读、习作、口语交际、综合性学习为核心构建一系列丰富的课程，课程均以总体知识分步解读，以儿童学习吸收为主，利用班级授课，将丰富的知识体系渗透在其中。

（三）"童趣语文"是多彩的语文

以学习知识为主，定期针对不同年段、不同语文知识点设计属于儿童的语文素养活动，让儿童感受到语文的魅力，进一步认识语文是丰富、有趣的。

（四）"童趣语文"是心灵的语文

"童趣语文"是一门滋养儿童心灵，提升审美的课程。不仅要关注儿童语文知识技能的获得，而且也要满足他们的情感、审美等精神层面的渴求，让儿童的心灵日渐健康、丰盈起来。

在欣赏语言文字的过程中，潜移默化地让儿童的心灵产生变化，我们始终坚持"童趣语文"的核心理念：让儿童沉浸在丰富多彩的语文世界。

第二节　语言与精神双向成长

我们主张语文教学应让儿童在各种各样的实际活动情境中从多角度反复地应用知识，重视儿童在学习过程中的感受、信念、价值观和个人情感的构建。综上所述，我们认为儿童语文教学必须要遵循语言与精神双向成长的法则。

一、学科课程总体目标

《义务教育语文课程标准(2011年版)》指出：义务教育阶段的语文课程,应使学生初步学会运用祖国语言文字进行交流沟通,吸收古今中外优秀文化,提高思想文化修养,促进自身精神成长。

简而言之,我校的语文课程总体目标如下：学会认真倾听、正确流畅地与他人交流,能用标准普通话流利有感情地朗读课文以及养成良好的阅读习惯、提高阅读能力,增强儿童的语文自我认同感,培育儿童热爱祖国语言文字的情感,养成良好的语文学习习惯,发展思维能力,学习科学的思想方法,培养求真务实的精神。

二、学科课程年级目标

根据《义务教育语文课程标准(2011年版)》的要求,结合我校语文学科课程总目标和一至六年级的学情,我们设置了语文课程年级目标(见表1-1)：

表1-1 "童趣语文"课程年级目标表

学段		上学期目标		下学期目标
一年级	第一单元	1. 了解汉字演变过程、造字规律,理解字义、认清字形。 2. 会认会写本单元生字词,正确、流利、有感情地朗读课文。	第一单元	1. 会认会写本单元生字词,正确、流利、有感情地朗读课文。 2. 通过多种途径识字,激发学生识字的兴趣,培养学生的观察能力、阅读能力,积累有关春天的词语。
	第二单元	1. 能认读声母、单韵母和整体认读音节,准确地拼读音节;认识四线格,能正确书写。 2. 会认本单元生字,能读准字音,认清字形,会读儿歌。	第二单元	1. 会认会写本单元生字词,正确、流利、有感情地朗读课文、背诵部分课文。 2. 背诵并书写《汉语拼音字母表》。

续表

学段		上学期目标		下学期目标
	第三单元	1. 能认读复韵母、整体认读音节，能准确地拼读音节，能正确书写。 2. 会认本单元生字，能读准字音，认清字形，会读儿歌。	第三单元	1. 学会用音序查字法查字典，激发学生识字的兴趣。 2. 激发学生的阅读兴趣，让学生懂得学会为他人付出是一种快乐。
	第四单元	1. 会认会写本单元生字词，规范书写生字，正确、流利、有感情地朗读课文，背诵部分课文。 2. 培养学生的观察力，联系生活实际，感受自然的美好，激发学生热爱大自然的情感。	第四单元	1. 会认会写本单元生字词，读好轻声的词语，正确、流利、有感情地朗读课文，并能背诵部分课文。 2. 通过课文的学习和课外朗读，引导学生感受语言文字的魅力。
	第五单元	1. 通过偏旁归类、反义词识字等方法，认识"远、色"等10个生字和走之、斜刀头2个偏旁；会写"水、去"等4个字。 2. 正确朗读、背诵古诗，感受诗中描绘的景象。	第五单元	1. 会认会写本单元生字词，正确、流利、有感情地朗读课文，背诵部分课文。 2. 通过学习如何打电话，让学生懂得怎样和别人交流，学会做一个文明、有礼貌的好孩子。
	第六单元	1. 了解汉字的"上下结构"和"左右结构"，学习分角色朗读课文。 2. 知道根据场合，用合适的音量与人交流是文明、有礼貌的表现。	第六单元	1. 会认会写本单元生字词，正确、流利、有感情地朗读课文，背诵部分课文。 2. 通过课文的学习和课外朗读，引导学生感受夏天的美和快乐。
	第七单元	1. 引导学生体会如何进行观察，如何展开联想与想象表达自己独特的感受。 2. 培养学生的识字能力、阅读能力，并抓住每篇文章的情感教育渗透点。	第七单元	1. 会读会背名言警句，养成积累好句的习惯。 2. 通过课文的学习和课外朗读，引导学生懂得如何明理做人。
	第八单元	1. 了解笔顺规则，培养良好的书写习惯。 2. 能找出课文中明显的信息，自主阅读不全文注音的课文，学习写新年贺卡。	第八单元	1. 会认会写本单元生字词，正确、流利、有感情地朗读课文，背诵部分课文。 2. 通过课文的学习和课外朗读，引导学生对科学产生浓厚的兴趣，产生探索、发现的欲望。

续表

学段		上学期目标		下学期目标
二年级	第一单元	1. 积累并运用表示动作的词语。 2. 借助图片了解课文的内容。	第一单元	1. 正确、流利、有感情地朗读课文。默写古诗，积累好词佳句。 2. 积极开发生活中的学习资源，在活动中积累知识，提高语文素养。
	第二单元	1. 初步建立部首的概念，学会用部首查字法查字典。 2. 亲近自然，初步感受大自然的丰富美妙，激发学生对大自然的喜爱之情。	第二单元	1. 会认会写本单元生字词。流利、有感情地朗读课文、背诵部分课文，并练习运用于口头和书面语言表达之中。 2. 体会奉献的幸福感和劳动人民的辛苦，树立自立自强的信念。
	第三单元	1. 阅读课文，能说出自己的感受或想法。 2. 借助词句，尝试讲述课文内容。	第三单元	1. 正确、流利、有感情地朗读课文，感受祖国山河的美好。 2. 有热爱祖国的意识和感情，领略不同的民族风情。
	第四单元	1. 联系上下文和生活经验，了解词句的意思。 2. 学习课文的语言表达，积累语言。	第四单元	1. 正确、流利、有感情地朗读课文，会背诵指定的课文和片段。 2. 培养学生快乐的人生态度，让学生感受童年欢乐时光。
	第五单元	1. 初步体会课文讲述的道理。 2. 感受和体会课文语言表达的多样性，学习表达。	第五单元	1. 正确、流利、有感情地朗读课文，会背诵指定的课文和片段。 2. 理解课文内容，感悟、积累对自己有启发的句子。
	第六单元	1. 借助词句、关键词，了解课文内容。 2. 感受形声字形表义的特点，利用其结构尝试猜读汉字。	第六单元	1. 正确、流利、有感情地朗读课文，感受大自然的美丽与神奇。 2. 激发探究自然知识的兴趣，有留心周围事物、发现科学知识的意识。
	第七单元	1. 展开想象，获得初步的情感体验。 2. 学会默读，提高阅读的速度。	第七单元	1. 学会生字，能正确、美观地书写生字。 2. 能正确、流利地朗读和背诵课文。积累好词佳句，理解故事内容。
	第八单元	1. 综合运用多种方法自主识字、自主阅读。 2. 借助提示，复述课文。	第八单元	1. 积极主动地参与到语文学习活动中。 2. 了解词句在语言环境中的意思，在阅读中体会文章所蕴含的主旨。

学段		上学期目标		下学期目标
三年级	第一单元	1. 阅读时，关注有新鲜感的词语和句子。 2. 体会习作的乐趣。	第一单元	1. 试着一边读一边想象画面。 2. 体会优美生动的语句。 3. 试着把观察到的事物写清楚。
	第二单元	1. 运用多种方法理解难懂的词语。 2. 学习写日记。	第二单元	1. 读寓言故事，明白其中的道理。 2. 把图画的内容写清楚。
	第三单元	1. 感受童话丰富的想象。 2. 试着自己编童话，写童话。	第三单元	1. 了解课文是怎么围绕一个意思把一段话写清楚的。 2. 收集传统节日的资料，交流节日的风俗习惯，写一写过节的过程。
	第四单元	1. 一边读一边预测，顺着故事情节去猜想。 2. 学习预测的一些基本方法。 3. 尝试续编故事。	第四单元	1. 借助关键语句概括一段话的大意。 2. 观察事物的变化，把实验过程写清楚。
	第五单元	1. 体会作者是怎样观察周围事物的。 2. 仔细观察，把观察所得写下来。	第五单元	1. 走进想象的世界，感受想象的神奇。 2. 发挥想象力写故事，创造自己的想象世界。
	第六单元	1. 借助关键语句理解一段话的意思。 2. 习作的时候，试着围绕一个意思写。	第六单元	1. 运用多种方法理解难懂的句子。 2. 写一个身边的人，尝试写出他的特点。
	第七单元	1. 感受课文生动的语言，积累喜欢的语句。 2. 留心生活，把自己的想法记录下来。	第七单元	1. 了解课文是从哪几个方面把事物写清楚的。 2. 初步学习整合信息，介绍一种事物。
	第八单元	1. 学习带着问题默读，理解课文的意思。 2. 学写一件简单的事。	第八单元	1. 了解故事的主要内容，复述故事。 2. 根据提示，展开想象，尝试编童话故事。
四年级	第一单元	1. 边读边想象画面，感受自然之美。 2. 向同学推荐一个好地方，写清楚推荐理由。	第一单元	1. 抓住关键词句，初步体会文章表达的思想感情。 2. 写自己喜欢的某个地方，表达出自己的感受。 3. 听别人的话时能抓住要点，转述别人的话时意思准确。

31

续表

学段	上学期目标		下学期目标
第二单元	1. 阅读时尝试从不同角度去思考，提出自己的问题。 2. 写一个人，注意把印象最深的地方写出来。	第二单元	1. 阅读时能提出不懂的问题，并试着解决。 2. 写自己的奇思妙想，把自己想发明的东西写清楚。 3. 准确传达信息，清楚连贯地讲述。
第三单元	1. 体会文章准确生动的表达，感受作者连续细致的观察。 2. 进行连续观察，学写观察日记。	第三单元	1. 初步了解现代诗的一些特点，体会诗歌的感情。 2. 根据需要收集的资料，初步学习整理资料的方法。尝试创作自己的诗歌。
第四单元	1. 了解故事的起因、经过、结果，学习把握文章的主要内容。 2. 感受神话中神奇的想象和鲜明的人物形象。 3. 展开想象，写一个故事。	第四单元	1. 体会作家是如何表达对动物的感情的。 2. 写自己喜欢的动物，试着写出动物的特点。
第五单元	1. 了解作者是怎样把事情写清楚的。 2. 写一件事，把事情写清楚。	第五单元	1. 了解课文按一定顺序写景物的方法。 2. 学习按游览的顺序写景物。
第六单元	1. 学习用批注的方法阅读。 2. 通过人物的动作、语言、神态体会人物的心情。 3. 记一次游戏，把游戏过程写清楚。	第六单元	1. 学习怎样把握长文章的主要内容。 2. 按一定的顺序把事情的过程写清楚。 3. 根据讨论的目的记录重要信息。分类整理小组的意见，有条理地汇报。
第七单元	1. 关注主要人物和事件，学习把握文章的主要内容。 2. 学习写书信。	第七单元	1. 从人物的语言、动作等描写中感受人物的品质。 2. 学习用多种方法写出人物的特点。 3. 根据不同的对象和目的，合理选择介绍的内容。
第八单元	1. 了解故事情节，简要复述课文。 2. 写一件事，能写出自己的感受。	第八单元	1. 感受童话的奇妙，体会人物真善美的形象。 2. 按自己的想法新编故事。

续表

学段		上学期目标		下学期目标
五年级	第一单元	1. 初步了解课文借助具体事物抒发感情的方法。 2. 写一种事物，表达自己的感情。	第一单元	1. 体会课文表达的思想感情。 2. 把一件事的重点部分写具体。
	第二单元	1. 学习提高阅读速度的方法。 2. 结合具体事例写出人物的特点。	第二单元	1. 初步学习阅读古典名著的方法。 2. 学习写读后感。
	第三单元	1. 了解课文内容，创造性地复述故事。 2. 提取主要信息，缩写故事。	第三单元	1. 感受汉字的有趣，了解汉字文化。 2. 学习搜集资料的基础方法。 3. 学写简单的研究性报告。
	第四单元	1. 结合资料，体会课文表达的思想感情。 2. 学习列提纲，分段叙述。	第四单元	1. 通过课文中动作、语言、神态的描写，体会人物的内心。 2. 尝试运用动作、语言、神态描写来表现人物的内心。
	第五单元	1. 阅读简单的说明性文章，了解基本的说明方法。 2. 搜集资料，用恰当的说明方法把某一种事物介绍清楚。	第五单元	1. 学习描写人物的基本方法。 2. 初步运用描写人物的基本方法，尝试把一个人的特点写清楚。
	第六单元	1. 体会作者描写的场景和细节中蕴含的感情。 2. 用恰当的语言表达自己的看法和感受。	第六单元	1. 了解人物的思维过程，加深对课文内容的理解。 2. 根据情境编故事，注意情节的转折。
	第七单元	1. 初步体会课文中的静态描写和动态描写。 2. 学习描写景物的变化。	第七单元	1. 体会景物的静态美和动态美。 2. 搜集资料，介绍一个地方。
	第八单元	1. 根据要求梳理信息，把握内容要点。 2. 根据表达的需要，分段表述，突出重点。	第八单元	1. 感受课文风趣的语言。 2. 看漫画，写出自己的想法。
六年级	第一单元	1. 阅读时能从所读的内容引发思考。 2. 习作时发挥想象，把重点部分写得详细一些。	第一单元	1. 阅读时，分清内容的主次，体会作者是如何详写主要部分的。 2. 习作时，注意抓住重点，写出特点。

学段	上学期目标		下学期目标	
	第二单元	1. 了解文章是怎样点面结合写场面的。 2. 尝试运用点面结合的写法记一次活动。	第二单元	1. 了解作品梗概，把握名著的主要内容，就印象深刻的人物和情节交流感受。 2. 学习写作品梗概。
	第三单元	1. 根据阅读目的，选用恰当的阅读方法。 2. 写生活体验，试着表达自己的看法。	第三单元	1. 体会文章是怎样表达情感的。 2. 习作时，选择合适的内容写出真情实感。
	第四单元	1. 读小说，关注情节、环境，感受人物形象。 2. 发挥想象，创编生活故事。	第四单元	1. 阅读时，关注神态、语言的描写，体会人物品质。 2. 查阅相关资料，加深对课文的理解。 3. 习作时，选择适合的方式进行表达。
	第五单元	1. 体会文章是怎样围绕中心意思来写的。 2. 从不同方面或选取不同的事例，表达中心意思。	第五单元	1. 体会用具体事例说明观点的方法。 2. 展开想象，写科幻故事。
	第六单元	1. 抓住关键句，把握文章的主要观点。 2. 学写倡议书。	第六单元	1. 学习整理资料的方法。 2. 策划简单的校园活动，学写策划书。
	第七单元	1. 借助语言文字展开想象，体会艺术之美。 2. 写自己的拿手好戏，把重点部分写具体。	第七单元	1. 了解课文是从哪几个方面把事情写清楚的。 2. 初步学会整合信息，介绍一种事物，学会查找资料，仔细列好问题，认真写作交流。
	第八单元	1. 借助相关资料，理解课文主要内容。 2. 通过事情写一个人，表达出自己的情感。	第八单元	1. 了解故事的主要内容，复述故事。 2. 根据提示，展开想象，尝试编童话故事。

第三节 多姿多彩的语文天地

基于我校语文学科"让儿童沉浸在丰富多彩的语文世界中"的理念,我校为了实现课程教学目标,整合了校内外学习资源,构建了我校"童趣语文"课程体系,让学生进行全方位、有涵养、有趣味性的语文学习,进一步促进个性化发展。

一、学科课程结构

依据《义务教育语文课程标准(2011 年版)》中指出的"识字与写字""阅读""写作""口语交际""综合性学习"等五大板块为小学阶段的重要学习内容,课程主要从"童趣识写""童趣阅读""童趣写作""童趣口语""童趣探究"五大类进行构建,具体如下(见图 1-1):

"童趣识写"是通过创造不同的识字方式、识字活动,提高儿童学习兴趣,培养儿童运用语言文字的能力和语文基本素养的识写课程。

"童趣阅读"是通过提高儿童阅读的兴趣,感受文字的美好,感受阅读的乐趣,养成阅读的良好习惯,学会读懂文字、读懂作者、读懂书本、读懂自己,阅读量的积累产生质的飞跃,从而提高儿童心灵的感受性、同理心。

"童趣写作"的内容来源于生活,但又高于生活,引导儿童观察生活中的具体事例,抓住事物的主要特征进行描写,同时通过列提纲起草、修改互评等环节,提高儿童的写作能力。

"童趣口语"为儿童创设不同的情境,提供表达机会。儿童能够学会演讲,能够通过添加动作、语气、表情等方式发表意见,进而提高自己的口语交际能力。

"童趣探究"给儿童创造机会走出课堂、走进生活,把语文知识运用到实践中。语文是一门注重运用的学科,要在实际运用中提高儿童的人文精神和整体素质。

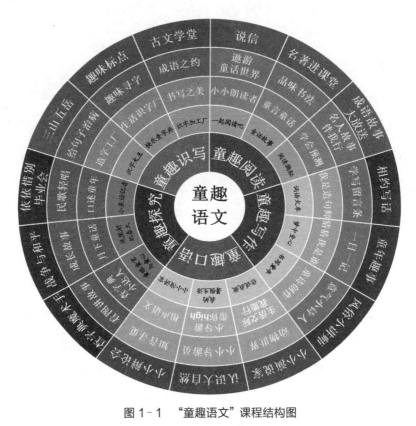

图1-1 "童趣语文"课程结构图

二、学科课程设置

　　所有课程依据各年级儿童学情，由易到难、由浅入深，由单一到综合、循序渐进，贯穿三个学段六个年级，由各年级段的任课老师组织实施，具体如下（见表1-2）：

表1-2 "童趣语文"拓展课程设置表

学期		童趣识写	童趣口语	童趣阅读	童趣写作	童趣探究
一年级	上学期	识字大王	你说我做	一起阅读吧	词语火车	童眼童言与童心
	下学期	造字工厂	生活交际我能行	小小朗读者	我是造句师	查字典小达人

续表

学期		童趣识写	童趣口语	童趣阅读	童趣写作	童趣探究
二年级	上学期	快乐查字典	动物世界	童话故事	学写留言条	看图讲故事
	下学期	生活识字厂	小小演说家	童言童话	相约写话	查字典魔术手
三年级	上学期	识字加工厂	我的暑假生活	阅读揭秘	梦中童心	凤凰湖的春天
	下学期	书写之美	小导游带你high	学会预测	猜猜我是谁	月下童话
四年级	上学期	给句子治病	小小导游	遨游童话世界	一日一记	成长故事
	下学期	三山五岳	认识大自然	说信	童年趣事	战争与和平
五年级	上学期	趣味寻字	小小演讲家	品味书法	书写童年	小采访记者
	下学期	趣味标点	相声语文	名著进课堂	童诗创作	口述童年
六年级	上学期	成语之约	知音寻觅	名人故事伴我行	意气小诗人	民歌轻唱
	下学期	古文学堂	小小辩论会	成语故事大放送	风俗小讲师	依依惜别毕业会

三、学科课程内容

围绕"童趣语文"课程设置,依据儿童身心发展规律,我校展开学科课程部分内容解读,具体如下(见表1-3):

表1-3 "童趣语文"学科内容设置表

课程名称	课程目标	课程内容
依依惜别毕业会	理解告别的含义,珍惜同学之间的友情,感受毕业的快乐。	观看视频,同学之间发表离别感言,互相写信留言,表达对同学的祝福等综合实践活动。
小小演讲家	学会演讲的基本方法和技巧,敢于站在公众场合演讲。	出示固定的主题,教师组织学生进行小组交流、个别展示,并进行小组互评和教师点评。

课程名称	课程目标	课程内容
童诗创作	感受儿童诗的乐趣，学会儿童诗的表达方式，会创作简单的儿童诗。	体会各类儿童诗的感情和表达方法，尝试创作比较简单的儿童诗，小组之间进行互评，教师总结点评。
名著进课堂	感受阅读带来的乐趣，提高儿童的阅读兴趣。	通过名著进课堂的方式，和学生分享阅读的方法以及学习如何读懂一本书，分享名著背后的故事，定期举行名著小讲师的活动。

第四节　丰富儿童的语文学习经历

为充分体现"童趣语文"以"趣"为核心的课程理念，语文学科通过构建"童趣课堂"、开发"童趣课程"、举办"童趣语文节"、打造"童趣语文社团"、实施"童趣识写""童趣阅读""童趣写作""童趣口语""童趣探究"课程等多种路径丰富儿童的语文学习经验。

一、构建"童趣课堂"，提升语文课程品质

我校的"童趣课堂"以儿童为中心。具体来说，"童趣课堂"具有以下特质：

1. "童趣课堂"是目标切实的课堂。学习目标的确立真正地以儿童为主体，基于儿童的学习需要，让儿童获得新知识、能对文本有独特理解、能挖掘语言文字背后的人文情感。学习目标是儿童经过一系列的学习活动可以达到的。

2. "童趣课堂"是内容广博的课堂。生活有多么广阔，语文就有多么广阔，因其学科特殊性，语文学科可利用的资源众多。"童趣课堂"把校内外、日常生活等各方面的资源引进课堂，丰富课堂内容，创新课堂形式。

3. "童趣课堂"是方法多样的课堂。构建"童趣语文"课堂，让儿童在课堂中运用多种方法学习，关注过程，进而掌握学习方法。

4. "童趣课堂"是以儿童为中心的课堂。摒弃"填鸭式"教学，追求以儿童为中心，创新课堂形式，激发儿童的学习热情。力求把儿童从沉重烦闷的课堂中解放出来，让儿童爱上学习、爱上语文，提高学习的兴趣。

二、 开发"童趣课程"，丰富语文课程内涵

为了让儿童热爱学习、养成良好的学习习惯，培养儿童的思维能力和语言能力，学习科学的求知方法，我校成立了丰富多彩的"童趣课程"。课程的核心理念是"以儿童自身素质和求知欲为出发点，提高儿童语文素养"。

1. "童趣课程"的开发基于教材。课程的开发是结合教材、教参以及教学大纲中的要求，把课程目标、课程设置、课程实施方法、教学评价等分步解读。

2. "童趣课程"的开发与实际生活紧密联系。我校地靠凤凰湖，有着优越的地理环境；区域科技与教育资源投入多，人文气息浓郁。根据这些优势，我校开展有本地特色、有一定影响力和方便实施的地方性"童趣课程"。

3. "童趣课程"开发注重整合。学科整合课程主要是通过分析我校现有各类学科之间的共通性和差异性，从中选取某一个对儿童有一定的影响力的教学点进行语文学科知识的渗透，从而开展学科整合课程。

三、 举办"童趣语文节"，乐享语文之趣

"童趣语文节"是结合核心理念开展一系列丰富的语文活动，从而激发儿童学习热情的学科节。通过多种多样的语文活动，让儿童参与其中，在活动中学，在趣味中思考。结合儿童的实际情况，语文课程开展系列活动，具体如下（见表 1 - 4）：

表1-4 "童趣语文节"活动设计和实施表

课程名称	课程内容	组 织 实 施
读书推荐卡	以中外名著为主要内容	语文科组教师统筹开展。
硬笔书法	以书写古诗词为主要内容	纸张由学校统一准备,一二年级用铅笔书写,三至六年级用黑色签字笔或者钢笔书写,各班推选出三名同学的作品进行科组评比后在校内展示。
低年级查字典比赛	以一二年级所学生字词为主要内容	分初赛和决赛两个阶段进行,初赛在各班进行,初赛后每班选三名同学集中在一个教室参加决赛评出名次。
中高年级演讲比赛	以"我爱我校"为主要内容	教师挖掘教学资源,选定演讲主题,然后组织学生参加,并选出适合的选手,通过2—3周的时间进行指导,最后进行比赛。

四、 打造"童趣社团"，展露个性风采

"童趣社团"是以主题形式开展的社团。我校语文学科以创办语文社团为途径,满足儿童个人发展需求,表现个性、展露风采,培养有学识有涵养的儿童。

在现有的语文师资力量基础上,新增加诗歌朗诵社团。我们将陆续开设古诗朗读文学社、儿童诗歌朗读社、童诗创作社、国学社、春笋文学社、明星小记者站,让儿童的综合能力在活动中得到拓展提高。

"童趣社团"的设立:学生社团是由儿童依据兴趣爱好自愿组成、按照学校章程由教师组织开展活动的儿童社团学习组织,是儿童开展学习活动、提高文化水平、增强自信的重要途径。

"童趣社团"的实施方法:人员固定,制定目标和计划、内容,确定老师、活动时间、地点,充分利用学校内的教室资源,灵活选用活动地点开展语文社团活动,部分社团设置如下(见表1-5):

表1-5　"童趣社团"设置表

课程名称	课程目标	课 程 内 容
诗歌朗诵社	接受中华诗歌的文化熏陶，从而提高学校的书香文化气息，丰富学生的心灵。	现代诗歌朗读、古代诗歌朗读、分角色朗读、师生朗读、家庭朗读、儿童合作朗读、诗歌朗读节。
童诗创作社	学会创作简单的童诗。	朗读体会现代儿童诗歌、学习诗歌的写作方法、创作简单的儿童诗歌、修改诗歌。
明星小记者站	学会提问，学会倾听，学会记录。	针对学校语文学习情况和社团情况，开展相应的小记者站活动，通过提问与倾听，解决在语文学习过程中出现的问题，并学会正确书面记录。

五、 设计"童趣阅读"，促进精神成长

"童趣阅读"是我校每天在固定时间开展的全校性阅读活动，语文教研组拟开展不同主题的阅读月，从不同的学科知识点渗透求知的教育理念。

"童趣阅读"的设立：开设阅读引领课。每两周开设一节课外阅读引领课，教师根据不同年级儿童的知识结构、心理特点，向儿童推荐中外经典名著、传记人物、寓言故事等书籍，使阅读活动与课堂教学有机结合。

"童趣阅读"的实施方法：教会儿童根据自己的发展需要制定课外阅读计划、选择课外阅读书籍，提高课外阅读的效率和效果。启发和引导儿童在阅读中思考，引导儿童对阅读内容进行整理，做读书笔记，有计划、有组织地开展读书活动。

"童趣语文"是提高儿童文化修养、丰富儿童精神世界的课程，是对国家课程的有益补充和延伸。

六、 建设"童趣空间"，打造语文学习环境

"童趣空间"是以阅读空间环境为出发点，构建良好的学习氛围。空间的建设对儿

童成长来说具有重要的影响，因此我们可以在校园、社区、家庭三方面构建童趣空间。

1. 从学校出发建设"童趣空间"。提高教师的专业能力，多开展主题教研活动，集体备课集思广益，规范教学用语，规范教学书写，改变传统的教育思想，结合我校"有氧教育，着色生命，自由呼吸"的教育理念，进行开放式教学，使儿童形成自主学习的求知思想，通过一系列的活动提升学校的教育氛围。

2. 从社区出发建设"童趣空间"。改变传统的"单方面学校"教学，转变为以儿童的学为主的形式，教师主要起引导者和组织者的作用，把一切可利用的资源还给儿童，形成民主化、多样化学习的现代社区，综合利用现代化技术为学习目标服务。

3. 从家庭出发建设"童趣空间"。一个良好的家庭环境，可以促进儿童的学习，有助于学校教育，起到相互辅助的作用。学校通过开展家长教育活动，例如家庭读书日、家长大讲坛等，提高家庭的教育意识。

总之，"童趣语文"要结合语文学科的核心素养开展教学。开展丰富多彩的语文活动，以儿童为主体，有规划、多角度、深层次地展开学习，力求提高儿童的学科能力素养，坚持促进儿童在学习过程中的全面发展，养成热爱学习、热爱生活的良好习惯。

第二章

磁性数学： 走进充满吸引力的数学世界

　　教育是眷注生命的事业，数学与生命深度关联。"磁性数学"课程理念旨在点燃学生思维火花，引导学生在生命旅途中敢于思考、勤于思考、善于思考，逐步拾起思维的砖块，在生活世界里筑造出属于自己的思维王国。

　　凤凰湖小学数学组现有专任教师 10 人。按照学校制定的"着色生命，自由呼吸"的办学理念，教研组创设了一个以激发学生学习兴趣、培养学生动手能力和提升学生之间的数学信息互动、将知识应用于生活、在生活中提炼数学问题的"磁性数学"课程。数学组认真开展教研组活动和备课组活动，积极参加各类活动，先后举行了诸多活动：数学节之描绘数学之美、数学节之计算能力大赛、数学节之数学游戏大比拼、数学节之执数探世界等，教学质量在黄埔区一直名列前茅。我校依据《教育部关于深化课程改革　落实立德树人根本任务的意见》《义务教育数学课程标准（2011 年版）》，进一步推进我校数学学科课程群建设。

第一节　数学是思维折射的彩虹

一、学科性质观

　　《义务教育数学课程标准（2011 年版）》指出：数学课程是培养公民素质的基础课程，具有基础性、普及性和发展性。数学课程能使学生掌握必备的基础知识和基本技能，培养学生的抽象思维和推理能力，培养学生的创新意识和实践能力，促进学生在情感、态度与价值观等方面的发展。义务教育的数学课程为学生未来生活、工作和学习奠定重要基础。

　　结合《义务教育数学课程标准（2011 年版）》中"培养学生的创新意识和实践能力"的观点，我们以促进学生全面发展和个性发展为出发点，将数学学科课程理念定位为"磁性数学"，以激发学生的学习兴趣、提升学生的思维品质、增强学生的实践能力。

二、学科课程理念

　　《义务教育数学课程标准（2011 年版）》在教学建议中指出：教师就充分利用学生

的生活经验,设计生动有趣、直观形象的数学教学活动,如运用讲故事、做游戏、直观演示、模拟表演等,激发学生的学习兴趣,让学生在生动具体的情境中理解和认识数学知识。依据《义务教育数学课程标准(2011年版)》的基本理念,结合我校校园文化和学科实际,创设数学学科"磁性数学"课程群。

(一)"磁性数学"是生活数学

"磁性数学"源于儿童质朴的生活经验,通过一系列数学活动,激发儿童探讨生活中的数学。数学教学要从儿童的生活经验和已有的知识出发,以现实问题为素材,让儿童在熟悉的事物和具体情境中,通过自主活动理解数学。因此,数学教学应该跳出学科教学的框架,站在"与生活结合"的高位,收集与儿童生活相关的素材展开教学,有助于儿童在具体情境中发现问题、提出问题和解决问题。

(二)"磁性数学"是智慧数学

数学孕育智慧,具有发展儿童思维能力的磁力。"磁性数学"让儿童体验从实际生活中抽象出数学问题、构建数学模型、寻求结果,在解决问题的过程中激发儿童的思维,进而使其处理问题更具有方向性、条理性、科学性、准确性。

(三)"磁性数学"是意义数学

数学表达需要符号,抽象符号本身对儿童具有神秘吸引力。简短的几个符号能表达出详细的意义,抽象符号的运算让原本复杂冗长的运算变得简单快捷;符号应用简化了表达,让思维更清晰、更有条理;此外,抽象符号具有代表性、多变性和时效性,这也是一种磁性。

(四)"磁性数学"是文化数学

数学具有文化磁性,这种磁性体现在数与代数的基础知识的奇妙、图形与几何的图形之美、统计与概率的规律展示以及综合与实践的丰富多变。数学中每个知识点背后的故事、数学知识延伸出来的趣味小游戏、数学中的一些规律之美与几何之美等，都对儿童具有非常强的吸引力。

总之，"磁性数学"是培养儿童思维能力的数学，是儿童思维折射的彩虹。

第二节 思维与实践深度连接

《义务教育数学课程标准（2011 年版）》指出：义务教育阶段数学课程目标分为总目标和学段目标，从知识技能、数学思考、问题解决、情感态度四个方面加以阐述。《小学数学课程标准》中强调：有效的数学学习活动不能单纯地依赖模仿和记忆，而动手实践、自主探索与合作交流是学生学习数学的有效方式。学生通过积极主动探索，发现解决问题的方法、规律，从而促进思维与实践深度连接。

一、学科课程总体目标

《义务教育数学课程标准（2011 年版）》指出：通过义务教育阶段的数学学习，学生能获得适应社会生活和进一步发展所必需的数学基础知识、基本技能、基本思想、基本活动经验；体会数学知识之间、数学与其他学科之间、数学与生活之间的联系，运用数学的思维方式进行思考，增强发现和提出问题的能力、分析和解决问题的能力；了解数学的价值，提高学习数学的兴趣，增强学好数学的信心，养成良好的学习习惯，具有初步的创新意识和实事求是的科学态度，具体如下（见表 2－1）：

表2－1 数学课程总目标分析表

知识技能	经历数与代数的抽象、运算与建模等过程，掌握数与代数的基础知识和基本技能。
	经历图形的抽象、分类、性质探讨、运动、位置确定等过程，掌握图形与几何的基础知识和基本技能。

	经历在实际问题中收集和处理数据、利用数据分析问题、获取信息的过程,掌握统计与概率的基础知识和基本技能。 参与综合实践活动,积累综合运用数学知识、技能和方法等解决简单问题的数学活动经验。
数学思考	建立数感、符号意识和空间观念,初步形成几何直观和运算能力,发展形象思维与抽象思维。 体会统计方法的意义,发展数据分析观念,感受随机现象。 在参与观察、实验、猜想、证明、综合实践等数学活动中,发展合情推理和演绎推理能力,清晰地表达自己的想法。 学会独立思考,体会数学的基本思想和思维方式。
解决问题	初步学会从数学的角度发现问题和提出问题,综合运用数学知识解决简单的实际问题,增强应用意识,提高实践能力。 获得分析问题和解决问题的一些基本方法,体验解决问题方法的多样性,发展创新意识。 学会与他人合作交流。 初步形成评价与反思的意识。
情感态度	积极参与数学活动,对数学有好奇心和求知欲。 在数学学习过程中,体验获得成功的乐趣,锻炼克服困难的意志,建立自信心。 体会数学的特点,了解数学的价值。 养成认真勤奋、独立思考、合作交流、反思质疑等学习习惯,形成实事求是的科学态度。

总目标中知识与技能、数学思考、解决问题和情感与态度这四个方面是一个有机整体,它们在丰富的数学活动过程中得以实现。其中,数学思考、解决问题、情感与态度的发展离不开知识与技能的学习。同时,知识与技能的学习必须以有利于实现其他三个目标为前提。

二、学科课程年段目标

"磁性数学"的课程目标是以一至六年级的教科书为蓝本,结合学生的兴趣特点与生活中有趣的数学实例拓展与丰富的,具体如下(见表2-2):

表 2-2　数学课程年级目标分析表

学期	单元	目标
一年级上学期	第一单元 准备课	1. 初步了解计数物体个数的基本方法。 2. 帮助学生体验一些具体直观的比较方法。 3. 逐步养成仔细观察、认真思考的良好习惯。
	第二单元 位置	1. 初步感受"上、下""前、后""左、右"的相对性。 2. 会用"上、下""前、后""左、右"描述物体的相对位置。
	第三单元 1～5 的认识和加减法	1. 能够正确认、读、写 5 以内各数,掌握正确的握笔姿势和写字姿势,注意书写工整。 2. 会用 5 以内各数表示物体的个数和顺序,会区分几个(基数含义)和第几个(序数含义)。掌握 5 以内数的组成(能对 5 以内的数进行分与合)。 3. 认识符号">""<"" = "的含义,知道用词语(小于、大于、等于)来描述 5 以内数的大小。 4. 初步理解加减法的含义,会口算 5 以内的加减法。 5. 初步感受学习数学的乐趣,培养良好的学习习惯。
	第四单元 认识图形	1. 认识长方体、正方体、圆柱和球等立体图形,并能够辨认和区分这些图形。 2. 获得对简单几何体的直观体验,并进一步认识立体图形的显著特征。 3. 在生活中渗透分类思想。 4. 培养学生初步的观察、想象、表象思维和语言表达的能力,初步建立空间概念,初步感受数学与实际生活的联系。
	第五单元	1. 会用 6～10 这些数表示物体的个数或事物的顺序和位置。 2. 会比较它们的大小,掌握 10 以内各数的组成。 3. 用">""<"" = "这些符号来表示数的大小。 4. 比较熟练地口算 10 以内的加减法。 5. 比较熟练地进行 10 以内的连加、连减和加减混合计算。 6. 初步感受数学与日常生活的密切联系,体验学数学、用数学的乐趣。
	第六单元	1. 能够正确、有序地读写 11～20 各数。 2. 认识十进制,初步认识位值制以及初步体验位值制的作用。 3. 初步感受 10 加几和相应的减法的计算规律。 4. 体验分析问题、解决问题和检验回顾问题的过程,并能用数数的方法解决简单的"之间有几个"的问题。 5. 能够初步了解加法算式与减法算式之间的关系。

学期	单元	目标
	第七单元	1. 会认、读、写整时。 2. 培养学生时间观念，从小养成珍惜和遵守时间的良好习惯。 3. 培养学生的观察能力。
	第八单元	1. 能熟练、准确地口算 20 以内的进位加法。 2. 学会用加法解决简单的实际问题。 3. 感受数学在日常生活中的作用。
一年级下学期	第一单元 认识图形(一)	1. 直观认识长方形、正方形、平行四边形、三角形和圆形等平面图形，能够辨认和区分这些图形。 2. 直观感受所学平面图形的特征。 3. 初步感受所学图形之间的关系。 4. 培养学生的观察能力、动手操作能力和语言表达能力，同时感受图形与日常生活的密切联系，并学会从数学的角度去观察周围的世界。
	第二单元 20 以内的退位减法	1. 学生能够理解 20 以内退位减法的算理，掌握 20 以内退位减法的基本方法。 2. 初步学会用加法和减法解决简单的实际问题。 3. 学会与他人合作交流，体验数学与日常生活的密切联系，感受数学在日常生活中的作用。
	第三单元 分类与整理	1. 体验分类结果在单一标准下的一致性和不同标准下的多样性。 2. 能够用自己的方式(文字、图画、表格等)呈现分类的结果。 3. 能够对数据进行简单的分析，并能根据数据提出简单的问题。
	第四单元 100 以内数的认识	1. 能够正确地数出 100 以内的物体的个数，知道这些数是由几个十和几个一组成的，掌握 100 以内数的顺序，会比较 100 以内数的大小。 2. 知道个位和十位的意义，能够正确、熟练地读、写 100 以内的数。 3. 会计算整十数加一位数和相应的减法。 4. 会用 100 以内的数表示日常生活中的事物，并进行简单的估计和交流，逐步培养学生的数感。
	摆一摆 想一想	1. 加深学生对 100 以内数的认识，进一步巩固数位和位值的概念。 2. 学会发现规律，并能用发现的规律解决一些简单的问题，培养学生初步的归纳能力。 3. 养成倾听、有条理地表达想法的习惯和意识，感受到数学"好玩"，喜欢数学并愿意学习数学。

学期	单元	目标
	第五单元 认识人民币	1. 认识人民币的单位有元、角、分，知道 1 元 = 10 角，1 角 = 10 分。 2. 认识各种常用面值的人民币，了解各面值人民币之间的关系， 并会进行简单的计算。 3. 初步体会人民币在社会生活、商品交换中的作用，感受到"元" 是人民币单位中最常用的单位，初步了解简单的货币文化，并 知道爱护人民币。
	第六单元 100 以内的加法和 减法	1. 理解 100 以内加法和减法口算的算理，能口算 100 以内整十数 加、减整十数和两位数加、减一位数和整十数的式题。 2. 能口算含有小括号的两步加、减混合运算。 3. 学会用已有的知识解决数目比较大的同数连加、连减同数的实 际问题。 4. 感受到 100 以内的加、减法和 20 以内的加、减法有着密切的联 系，体会数学的价值。
	第七单元 找规律	1. 理解规律的含义并能描述和表示规律，同时会根据发现的规律 进行推理，确定后续图形或数字的排列方式。 2. 培养学生初步的观察能力、数学表征能力和推理能力。 3. 初步培养学生欣赏数学规律美的意识。
	第八单元 总复习	1. 全面回顾、梳理、总结所学内容，进一步巩固所学内容，提高计 算能力以及运用所学知识解决简单实际问题的能力。 2. 回顾学习过程中最有趣的事情，感受学习数学的乐趣，获得积 极的情感体验，增强学习数学的兴趣。 3. 初步了解总复习的方法。
二年级上学期	第一单元	1. 体会统一长度单位的必要性，知道长度单位的作用。 2. 认识长度单位厘米和米，初步建立 1 厘米、1 米的长度观念，知 道 1 米 = 100 厘米。 3. 初步学会用刻度尺量物体的长度（限整厘米）。 4. 培养学生估量物体长度的意识。 5. 初步认识线段，学习用刻度尺量和画线段的长度（限整厘米）。
	第二单元	1. 会计算 100 以内的两位数加、减两位数；会计算加减两步式题。 2. 能结合具体情景进行加、减法估算，并说明估算的思路。 3. 能够运用所学的 100 以内的加减法知识解决生活中的一些简 单问题，体会数学的价值。

续表

学期	单元	目标
二年级上学期	第三单元 角的初步认识	1. 初步认识角，知道角的各部分名称，初步学会用直尺画角。 2. 初步认识直角，会用三角板判断直角和画直角。 3. 让学生运用角的知识解决简单的问题，继续培养学生解决问题的能力。 4. 培养学生初步的观察能力、动手操作能力，尝试从数学的角度去观察周围的世界。
	第四单元 表内乘法（一）	1. 正确理解乘法的含义。 2. 认识乘号、乘数和积，会读写乘法算式。 3. 学会用画图、语言叙述等方式表征理解问题和分析问题，能运用加减乘法去解决简单的实际问题。 4. 感受到乘法表示同数连加的简洁性，培养学生认真观察、独立思考等良好的学习习惯。
	第五单元 观察物体（一）	1. 学生能辨认从不同位置观察到的简单物体的形状。 2. 学生能在方格上画出简单图形的轴对称图形。 3. 初步认识镜面对称现象。 4. 培养学生的观察能力和动手操作能力，学会欣赏数学美。
	第六单元 表内乘法（二）	1. 经历编制 7～9 的乘法口诀的过程，体验 7～9 的乘法口诀的来源。 2. 理解每一句乘法口诀的意义，初步记熟 7～9 的乘法口诀，能用乘法口诀进行简单的计算。 3. 会用乘法解决一些简单的实际问题。 4. 初步学会应用类推的方法学习新知识。 5. 初步形成评价与反思的意识，体验获得成功的乐趣。 6. 培养学生认真观察、独立思考等良好的学习习惯。
	量一量，比一比	1. 加深学生对厘米和米的认识，巩固用尺子量物体长度、高度的方法。 2. 对所测对象形成清晰的表象，为以后估计、认识其他物品的长度提供更多的参考标准，进一步建立长度观念。 3. 初步培养学生的估测能力、长度观念和数感。 4. 体会合作、交流和表征方式多样的乐趣，认识到数学与生活的联系，并愿意用所学的知识解决实际问题。
	第七单元 认识时间	1. 认识时间单位"分"，知道 1 时 ＝ 60 分。 2. 知道在钟面上分针走 1 小格是 1 分钟，初步认识几时几分，会读写几时几分和几时半。 3. 会运用时间的有关知识解决一些简单的实际问题。 4. 进一步学习观察、比较的方法，并形成初步的推理能力。 5. 初步培养学生珍惜时间、合理安排时间的习惯。

学期	单元	目标
二年级下学期	第八单元 数学广角	1. 初步体会数字编码思想在解决实际问题中的应用。 2. 学会用数进行编码,初步培养抽象、概括能力。 3. 初步培养应用意识和实践能力。 4. 初步学会表达和交流解决问题的过程和结果。
	第一单元 数据收集整理	1. 学会用调查法来收集数据。学会在分类的基础上用写"正"字的方法记录数据,认识简单的统计表,会用给定的统计表呈现和整理数据。 2. 初步体会运用数据进行表达与交流的作用,感受数据中蕴含的信息。 3. 初步体会调查所得数据的作用,培养初步的数据分析观念。
	第二单元 表内除法	1. 让学生体会除法运算的含义。会读、写除法算式,知道除法算式的各部分的名称。 2. 初步认识乘、除法之间的关系。能够比较熟练地用2~6的乘法口诀求商。 3. 初步学会根据除法的意义解决一些简单的实际问题。 4. 培养学生认真观察、独立思考等良好的学习习惯。
	第三单元 图形运动	1. 认识轴对称图形,能辨认轴对称图形。 2. 能辨认简单图形平移后的图形。 3. 初步理解旋转。 4. 能够用轴对称图形的知识解决简单的实际问题,培养学生解决问题的能力。 5. 感受到图形的运动在生活中的应用,体会到数学与现实生活的密切联系,感受数学美。
	第四单元 表内除法	1. 掌握用乘法口诀求商的一般方法。 2. 会综合应用乘、除法运算解决简单的或稍复杂的实际问题。 3. 初步尝试运用分析、推理、转化的方法。
	第五单元 混合运算	1. 正确理解和掌握含有两级运算的混合运算的运算顺序,能正确按照运算顺序进行脱式计算。 2. 逐步学会列综合算式解决需要用两步计算才能解决的问题。 3. 培养学生发现和提出问题、分析和解决问题的能力,同时培养学生认真审题、独立思考、准确计算、规范书写等学习习惯。

续表

学期	单元	目标
	第六单元 有余数的除法	1. 理解余数及有余数的除法的含义，初步培养学生全面思考问题的意识。 2. 理解竖式中每个数所表示的意思，初步培养学生的观察、分析能力以及恰当地进行数学表达的能力。 3. 初步掌握试商的基本方法，并能较熟练地进行有余数的除法的口算和笔算，培养学生的运算能力。 4. 初步感受数学与生活的联系，掌握解决问题的基本思路和基本方法。
	第七单元 万以内数的认识	1. 能认、读、写万以内的数，知道这些数是由几个千、几个百、几个十和几个一组成。能够用符号和词语描述万以内数的大小。能说出各数位的名称，识别各数位上数字的意义。 2. 认识近似数，并能结合实际进行估计。会口算整百、整千数加、减法。 3. 培养学习数学的兴趣和自信心，逐步发展学生的数感。
	第八单元 克和千克	1. 感受并认识质量单位克和千克，初步建立 1 千克和 1 克的观念，知道 1 千克＝1000 克。 2. 知道用称物体的方法，能够进行简单的计算。 3. 培养学生估量物体质量的意识。
	第九单元 数学广角——推理	1. 理解逻辑推理的含义，初步获得一些简单推理的经验。 2. 能借助连线、列表等方式整理信息，并按一定的方法进行推理。 3. 培养学生初步的观察、分析、推理和有条理地进行数学表达的能力。 4. 初步培养学生有顺序地、全面地思考问题的意识。
三年级上学期	第一单元 时、分、秒	1. 认识时间单位时、分、秒，知道 1 分＝60 秒，进行一些有关时间的简单计算。 2. 初步建立时、分、秒的时间观念，养成遵守和爱惜时间的意识和习惯。
	第二单元 万以内的加法和减法（一）	1. 能够正确口算两位数加、减两位数（和在 100 以内），会正确计算几百几十加、减几百几十。 2. 能应用合适的方法进行加、减法估算，培养估算意识和能力。 3. 培养学生根据具体情况选择适当方法解决实际问题的意识，体验解决问题策略的多样性。

学期	单元	目标
	第三单元 测量	1. 认识长度单位毫米、分米和千米,建立 1 毫米、1 分米的长度观念,明确毫米、厘米、分米、米和千米之间的进率。认识质量单位吨,知道吨和千克之间的关系。 2. 知道常用的长度单位间、质量单位间的关系,会进行简单的单位换算。 3. 能估计一些物体的长度和质量,会选择合适的单位及工具进行测量。 4. 感受数学与生活的密切联系,了解用列表法分析问题和解决问题,体验与他人合作交流解决问题的过程。
	第四单元 万以内加法和减法 (二)	1. 能正确计算三位数加、减三位数。 2. 初步养成检查和验算的习惯。 3. 在与他人交流各自算法的过程中优化自己的算法。 4. 培养估算意识和能力。
	第五单元 倍的认识	1. 理解"几倍"与"几个几"的联系,建立倍的概念。 2. 能解决"求一个数是另一个数的几倍"和"求一个数的几倍是多少"的实际问题,培养几何直观并渗透模型思想。 3. 培养学生分析问题和语言表达等能力,感受数学与实际生活的联系。
	第六单元 多位数乘一位数	1. 能够比较熟练地口算整十、整百、整千数乘一位数,两位数乘一位数(不进位)。 2. 明白竖式中每一步计算的含义,掌握多位数乘一位数的计算方法。 3. 能够运用所学的知识解决日常生活中的简单问题,提高解决问题的能力。
	第七单元 长方形和正方形	1. 认识四边形,进一步认识长方形、正方形的特征。 2. 能测量简单图形的周长,探索并掌握长方形、正方形的周长公式。 3. 能根据长方形、正方形的周长公式,解决生活中的实际问题,感受数学与生活的联系。 4. 发展学生的空间观念和推理能力。
	第八单元 分数的初步认识	1. 初步认识几分之一和几分之几;会读、写简单的分数;能比较简单的分数的大小;会计算简单的同分母分数的加、减法。 2. 进一步认识分数,知道把一些物体看作一个整体平均分成若干份,其中的一份或者几份也可以用分数表示,能解决有关分数的简单实际问题。 3. 感悟数形结合的数学思想和方法,发展数感;体会分数在实际生活中的应用和价值。

学期	单元	目标
	第九单元 数学广角——集合	1. 借助操作活动或学生易于理解的事例来帮助学生找出排列数或组合数。 2. 让学生逐步建构新的知识：衣服搭配、摆几位数、求比赛场次等例子在二年级上册都出现过。 3. 利用直观图示帮助学生有序地、不重不漏地找出排列数或组合数。
三年级下学期	第一单元 位置与方向	1. 认识东、南、西、北、东北、西北、东北和西南八个方向,能够用给定的一个方向（东、南、西或北）辨认其余的七个方向,并能用这些词语描述物体所在的方向。 2. 会看简单的路线图,并能描述行走的路线。 3. 培养学生辨认方向的意识,进一步发展空间观念。 4. 培养学生认真学习的态度。
	第二单元 除数是一位数的除法	1. 会口算一位数除商是整十、整百、整千的数,一位数除几百几十（或几千几百）。 2. 掌握一般的笔算方法,会用乘法验算除法。 3. 形成估算的习惯。 4. 养成一种有序地思考和操作的习惯,从而自主概括出一些计算规律。 5. 提高学生学习的趣味性和探究性,培养学生的辩证唯物主义观点。
	第三单元 复式统计表	1. 学会看这两种统计图,并能根据统计表中的数据完成统计图。 2. 初步学会简单的数据分析,进一步体会统计在现实生活中的作用,理解数学与生活的紧密联系。 3. 初步学会简单的求平均数的方法,理解平均数在统计学上的意义。 4. 帮助学生理解平均数的含义。 5. 培养学生的创新意识和思维的开放性。 6. 充分利用已有的旧知识,迁移类推,通过独立思考、自主探索、合作交流等方式学习新知识。
	第四单元 两位数乘两位数	1. 会口算整十、整百数乘整十数,会口算两位数乘整十、整百数（每位乘积不满十）。 2. 掌握两位数乘两位数的计算方法。 3. 能结合具体情境进行乘法估算,并解释估算的过程。 4. 能够运用所学的知识解决生活中的简单问题,感受数学在日常生活中的作用。 5. 培养学生口算、估算的习惯和意识。

学期	单元	目标
		6. 主动探索计算方法,加深学生对计算方法的理解。 7. 增强学生对数学知识的体验和认识,发展学生的创新意识与实践能力。 8. 培养学生的情感态度,使他们养成认真审题、书写整洁、仔细计算的良好学习习惯。
	第五单元 面积	1. 认识面积的含义,能用自选单位估计和测量图形的面积;认识面积单位平方厘米、平方分米、平方米、平方千米和公顷,建立1平方米、1平方分米、1平方厘米的表象;熟悉相邻两个单位之间的进率,会进行简单的单位换算。 2. 探究并掌握长方形、正方形的面积公式,获得探究学习的经历;会应用公式正确计算长方形、正方形的面积,能估计给定的长方形、正方形的面积。 3. 发挥各种直观手段的优势,组织学生开展探究学习。 4. 激发学生学习数学的乐趣,让学生在动手操作的过程中,体会几何知识的乐趣。
	第六单元 年、月、日	1. 认识时间单位年、月、日,了解它们之间的关系,知道平年、闰年等方面的知识;记住每个月以及平年、闰年各有多少天。 2. 知道24时计时法,会用24时计时法表示时刻;初步理解时间和时刻的意义,学会计算简单的经过时间。 3. 引导学生通过独立思考、小组合作等方式来了解年、月、日之间的关系和24时计时。 4. 体会钟面外圈与内圈的数的关系,帮助学生理解24时计时法。 5. 体会时间的可贵和学习的乐趣。
	第七单元 小数的初步认识	1. 初步了解小数的含义,会认、读、写小数部分不超过两位的小数。 2. 能结合具体内容比较一位、两位小数的大小。 3. 会计算一位小数的加减法。 4. 激活学生的相关生活经验和相关知识基础促进学习的正迁移,在学会的同时,形成会学的能力。 5. 培养学生分析能力和推理能力,从而进一步激发学生的学习兴趣。
	第八单元 数学广角——搭配（二）	1. 会借助直观图,利用集合的思想方法解决简单的实际问题。 2. 体会等量代换的思想。 3. 通过学生动手操作,发挥各种直观手段的优势,组织学生开展探究学习。 4. 培养学生分析能力和推理能力,从而进一步激发学生的学习兴趣。

续表

学期	单元	目标
四年级上学期	第一单元 大数的认识	1. 认识计数单位"万""十万""百万""千万"和"亿"以及相邻两个单位之间的关系。 2. 掌握数位顺序表，正确地读写大数并会比较大数的大小，用"万"和"亿"作单位改写数的方法，并会求出它的近似数。 3. 体会和感受大数在日常生活中的应用，进一步培养数感。
	第二单元 角的度量	1. 进一步认识线段，认识射线和直线，知道线段、射线和直线的区别。 2. 认识常见的几种角，会比较角的大小，会用量角器量角的度数和按指定度数画角。
	第三单元 三位数乘两位数	1. 掌握用一位数乘两位数(积在 100 以内)或几百几十的数的口算方法。 2. 掌握三位数乘两位数的笔算方法。 3. 知道速度的表示法，理解时间、速度和路程之间的关系，并应用这种关系解决问题。 4. 掌握乘法的估算方法，能应用合适的方法进行估算，养成估算的习惯。
	第四单元 平行四边形和梯形	1. 理解垂直与平行的概念，会用直尺、三角尺画垂线和平行线。 2. 掌握平行四边形和梯形的特征。 3. 进一步体会几何图形在日常生活中的广泛应用。
	第五单元 除数是两位数的除法	1. 学会口算整十数除整十、几百几十的数(商一位数)。 2. 掌握两三位数除以两位数的计算方法。 3. 了解商的变化规律。 4. 能够结合具体情境进行除法估算，并说明估算的思路。 5. 能够运用所学的知识解决简单的实际问题，感受数学在生活中的作用。
	第六单元 统计	1. 进一步体会统计在现实生活中的作用，理解数学与生活的密切联系。 2. 认识两种复式条形统计图，能根据统计图提出并回答简单的问题，能发现信息并进行简单的数据分析。 3. 养成细心观察的良好学习习惯，增强合作意识和实践能力。
	第七单元 数学广角	1. 初步体会运筹思想和对策论方法在解决实际问题中的应用。 2. 认识到解决问题策略的多样性，形成寻找解决问题最优方案的意识。 3. 初步培养应用意识和解决实际问题的能力。 4. 逐渐养成合理安排时间的良好习惯。

学期	单元	目标
	第八单元 总复习	进一步巩固数概念,提高计算能力和解决问题的能力,发展空间观念、统计观念,获得自身数学能力提高的成功体验,全面达到本学期规定的教学目标。
四年级下学期	第一单元 四则运算	1. 理解加减乘除四则运算的意义,掌握四则运算中各部分间的关系,并进行较系统的概括和总结。 2. 认识中括号,能进行简单的四则混合运算。 3. 掌握有关 0 的特性。 4. 能用四则混合运算知识解决实际问题,感受解决问题的一些策略和方法。 5. 提高抽象概括能力、估算意识,养成认真审题、独立思考等学习习惯。
	第二单元 观察物体(二)	1. 能辨认从不同位置观察到的几何组合体的形状。 2. 认识从同一位置观察不同的物体,看到的形状可能相同可能不同。 3. 培养空间想象力和推理能力。
	第三单元 运算定律	1. 能运用加法交换律、结合律,乘法交换律、结合律和分配律进行一些简便运算。 2. 能根据具体情况选择算法的意识与能力,发展思维的灵活性。
	第四单元 小数的意义和性质	1. 理解小数的意义,认识小数的记数单位,会读、写小数,会比较小数的大小。 2. 掌握小数的性质和小数点位置移动引起小数大小变化的规律。 3. 会进行小数和十进复名数的相互改写。 4. 能够根据要求会用"四舍五入法"保留一定的小数数位,求出小数的近似数,并能把较大的数改写成用万或亿作单位的小数。 5. 进一步提高归纳概括能力。
	第五单元 三角形	1. 认识三角形的特性,知道三角形任意两边和大于第三边。 2. 认识锐角三角形、直角三角形、钝角三角形和等腰、等边三角形的特点并能够辨认和识别。 3. 知道三角形内角和是 180 度,会求多边形内角和。
	第六单元 小数加法和减法	1. 理解小数加减法的计算算理,并能进行小数加减的混合运算。 2. 理解整数的运算定律同样在小数中适用,并能进行小数的一些简便运算。 3. 体会小数加减运算在生活学习中的广泛运用,感受数学学习的意义和价值,增强学习数学的信心。

续表

学期	单元	目标
五年级上学期	第七单元 图形的运动	1. 进一步认识轴对称图形及其对称轴,体会轴对称图形的特征和性质,并能在方格纸上补全轴对称图形的另一半。 2. 会在方格纸上画出一个简单图形沿水平方向、竖直方向平移后的图形,感受平移运动的特点,发展空间观念。
	第八单元 平均数与条形统计图	1. 体会平均数的作用,能计算平均数,能用自己的语言解释其实际意义。 2. 认识复式条形统计图,能在提供的样图中完成相应的复式条形统计图。 3. 能根据复式条形统计图提出并回答简单的问题,并进行简单的类推分析。
	第九单元 数学广角——鸡兔同笼	1. 了解鸡兔同笼问题,感受古代数学的有趣。 2. 体验解决问题策略多样化,了解列表法、假设法等解决问题的方法,培养逻辑推理能力,增强应用意识和时间能力。
	第一单元 小数乘法	1. 能正确进行小数乘法的笔算,并能对其中的算理做出合理的解释。 2. 会用"四舍五入"法截取积是小数的近似值。 3. 理解整数乘法运算定律对于小数同样适用,并会运用这些定律进行简便运算,进一步发展数感。 4. 体会小数乘法是解决生产、生活中实际问题的重要工具。
	第二单元 位置	1. 认识行、列的含义,知道确定第几列、第几行的规则,初步理解数队的含义,会用数队表示具体情境中物体的位置。 2. 理解用数队确定位置的方法,体会数形结合的数学思想并发展空间观念。 3. 感受数学与生活的密切联系,体会数学在生活中的广泛应用。
	第三单元 小数除法	1. 能正确地进行小数除法的计算。 2. 会用"四舍五入法"截取商是小数的近似值,能结合实际情况用"进一法"和"去尾法"截取商的近似值。初步认识循环小数、有限小数和无限小数。 3. 能用计算器探索计算规律,并能进行一些小数乘除法的计算。 4. 会解决有关小数除法的简单实际问题,体会小数除法的应用价值。

学期	单元	目标
	第四单元 可能性	1. 初步体验有些事件的发生是确定的，有些事件的发生是不确定的。能列出简单试验所有可能发生的结果，知道事件发生的可能性的大小。 2. 培养简单的逻辑推理、逆向思维和与人交流思考过程的能力。 3. 能够运用可能性的知识解决生活中的问题，逐渐培养学生学习数学的兴趣。
	第五单元 简易方程	1. 初步认识用字母表示数的意义和作用，能用字母表示运算定律和计算公式等，初步了解简易方程，能用等式的性质解简易方程。 2. 养成灵活选择算法的意识和能力。 3. 能列简易方程来解决生活中的实际问题。 4. 初步学会列方程解决一些简单的实际问题。
	第六单元 多边形的面积	1. 会计算平行四边形、三角形和梯形的面积。 2. 会把组合图形分解成已学过的平面图形并计算出它的面积。 3. 发展空间观念，培养运用转化的思考方法解决问题的能力和逻辑思维能力。
	第七单元 数学广角——植树问题	1. 初步体会植树问题的模型思想。 2. 培养借助图形"化繁为简"的解决意识。 3. 体验学习数学的乐趣，培养解决问题的能力。
五年级下学期	第一单元 观察物体	1. 能根据给出的从一个方向看到的形状图，用小正方体摆出相应的几何组合体。 2. 能根据给出的从三个方向看到的形状图，用小正方体摆出相应的几何组合体，体会有些摆法的确定性。 3. 积累活动经验，提高空间想象和推理能力，进一步发展空间观念。
	第二单元 因数与倍数	1. 理解因数与倍数的概念。 2. 掌握 2、3 和 5 的倍数的特征，能准确判断 2、3 和 5 的倍数。 3. 了解质数与合数，能找出在 1～100 的自然数中的质数与合数，并能熟练判断 20 以内哪个是质数、哪个是合数。 4. 知道概念间的联系与区别，逐步发展数学的抽象能力与推理能力。 5. 能准确判断奇数与偶数，丰富解决问题的策略。
	第三单元 长方体和正方体	1. 认识长方体和正方体的特征以及它们的展开图。 2. 了解体积（包括容积）的意义及度量单位（立方米、立方分米、立方厘米、升、毫升），会进行单位之间的换算，感受 $1m^3$、$1dm^3$、$1cm^3$ 以及 1L、1ml 的实际意义。 3. 能运用长方体、正方体的体积和表面积的计算方法解决一些简单的实际问题。

学期	单元	目标
	第四单元 分数的意义和性质	1. 知道分数的产生，理解分数的意义，明确分数与除法的关系。 2. 认识真分数和假分数，知道带分数是一部分假分数的另一种书写形式，能把假分数化成带分数或整数。 3. 理解和掌握分数的基本性质，会比较分数的大小。 4. 理解公因数与最大公因数、公倍数与最小公倍数，能找出两个数的最大公因数与最小公倍数，能比较熟练地进行约分和通分。 5. 会进行分数与小数的互化。
	第五单元 图形的运动（三）	1. 能在方格纸上画出简单图形运动后的图形，了解确定物体位置的一些基本方法。 2. 发展合情推理能力，能进行有条理的思考并比较清楚地表达自己的思考过程与结果。 3. 能探索分析和解决简单问题的有效方法，了解解决问题方法的多样性。
	第六单元 分数的加法和减法	1. 理解分数加减法的算理，掌握分数加减法的计算方法。 2. 理解整数加法的运算定律对分数加法仍然适用，并会运用这些运算定律进行一些分数加法的简便运算。 3. 体会分数加减运算在生活、生产中的广泛应用。
	第七单元 折线统计图	1. 根据数据的具体情况，选择适当的统计量表示数据的不同特征。 2. 认识复式折线统计图，能根据需要选择适当的统计图直观、有效地表示数据，并能对数据进行简单的分析和预测。
	第八单元 数 学 广 角——找次品	1. 体会解决问题策略的多样性及运用优化的方法解决问题的有效性。 2. 初步培养学生的应用意识和解决实际问题的能力。
六年级上学期	第一单元 分数乘法	1. 理解分数乘法是整数乘法的扩展；理解和掌握分数乘法的计算方法，并能运用乘法运算定律进行一些简便计算。 2. 进一步培养分析、比较、抽象、概括、归纳、类推的能力，发展初步的合情推理和演绎推理的能力。 3. 提高自主探索与合作交流的学习能力，建立学好数学的信心。
	第二单元 位置与方向	1. 会根据平面上一个点的位置说出它相对于观测点的方向和距离；会根据一个点相对于观测点的方向和距离确定这个点的具体位置；会描述简单的路线图。 2. 初步感受坐标法的思想。 3. 感受数学与生活的紧密联系，学会在生活中应用数学。

学期	单元	目标
	第三单元 分数除法	1. 理解倒数的意义,掌握求一个数的倒数的方法。 2. 体会分数除法的意义,理解并掌握分数除法的计算方法。 3. 会解决一些和分数除法相关的实际问题。 4. 体会并掌握模型、方程、数形结合等数学思想。
	第四单元 比	1. 理解比的意义,知道比与分数、除法的关系。 2. 理解并掌握比的基本性质,会求比值、化简比,能解答按比分配的实际问题。 3. 体会类比推理思想,积累数学活动经验,体会数学知识之间的内在联系,把握数学知识的本质。 4. 体会用比描述生活现象和解决实际问题。
	第五单元 圆	1. 认识圆,学会用圆规画圆,掌握圆的基本特征。 2. 会利用直尺和圆规,设计一些与圆有关的图案。 3. 理解圆周率的意义,理解和掌握圆的周长计算公式,并解决一些相应的实际问题。 4. 掌握圆的面积计算公式,并解决一些简单的实际问题。 5. 认识扇形,掌握扇形的一些基本特征。 6. 体会和掌握转化、极限等数学思想。
	确定起跑线	1. 了解环形跑道的基本结构,学会综合运用圆的周长等知识来计算并确定 400 m 跑道的起跑线。 2. 发展综合运用数学知识解决实际问题的能力,体会抽象、推理等基本的数学思想。
	第六单元 百分数	1. 理解百分数的意义,会正确地读、写百分数,会运用百分数表述生活中的一些数学现象。 2. 掌握小数、分数和百分数之间互化的方法,并能解决有关百分数的实际问题。 3. 学会把分数的有关知识和技能迁移到百分数,体会类比的数学思想。
	第七单元 扇形统计图	1. 了解扇形统计图的特点与作用,知道扇形统计图可以直观地反映部分数量占总数的百分比。 2. 能读懂扇形统计图,进一步体会统计在现实生活的作用。 3. 知道对于同样的数据可以有多种分析的方法,能根据需要选择合适的统计图,直观有效地描述数据,进一步发展数据分析观念。
	节约用水	1. 运用平均数的计算及统计推断,了解和认识日常生活中水资源浪费的情况。 2. 积累节约用水的方法,加强环保意识。

续表

学期	单元	目标
	第八单元 数学广角——数与形	1. 发现图形中隐藏着的数的规律，并会应用所发现的规律。 2. 会利用图形来解决一些有关数的问题。 3. 体会和掌握数形结合、归纳推理、极限等基本的数学思想。
	第九单元 总复习	1. 进一步理解分数乘、除法运算的意义，掌握分数乘、除法的计算方法及分数四则混合运算的计算（一般不超过三步）。 2. 进一步理解比的意义和基本性质，能应用比的意义和基本性质求比值、化简比，能解决一些按比分配的实际问题。 3. 进一步理解圆的本质特征，能应用圆的周长和面积计算方法解决实际问题。 4. 进一步理解百分数的意义，能正确地进行百分数和分数、小数的互化，会利用百分数的意义解决一些简单的实际问题。 5. 进一步掌握各种统计图的特点和作用，能利用统计图正确地分析数据信息，解决简单的统计问题。 6. 系统、全面地复习和整理本学期所学知识，构建合理的知识体系，更好地理解和掌握所学的概念、计算方法等基础知识及重要的数学思想方法，进一步发展数概念、空间观念、数据分析观念，增强综合运用知识解决实际问题的能力。
六年级下学期	第一单元 负数	1. 初步认识负数，理解正数、负数的意义，能正确地读、写正数和负数。 2. 理解并掌握 0 既不是正数也不是负数的结论，知道数可以分为正数、0、负数，理解分类讨论思想。 3. 初步掌握用数轴上的点表示正、负数的方法，体会数形结合思想。
	第二单元 百分数	1. 理解折扣、成数、税率、利率的含义，并会进行相关计算。 2. 培养解决有关百分数的实际问题的能力。
	第三单元 圆柱与圆锥	1. 认识圆柱和圆锥，并认识圆柱的底面、侧面和高，认识圆锥的底面和高。 2. 掌握圆柱侧面积、表面积的计算方法以及圆柱、圆锥体积的计算公式，解决有关的简单实际问题。 3. 了解平面图形与立体图形之间的联系，发展学生的空间观念。 4. 学会从数量的角度来研究几何图形，体会数形结合思想。 5. 体会转化、推理、极限、变中有不变等数学思想。
	第四单元 比例	1. 理解比例的意义，会判断四个数是否能够组成比例。 2. 理解比例的基本性质，能正确地解比例。 3. 理解相关联的量，理解正比例和反比例的意义，掌握成正比例、反比例的量的变化规律。

学期	单元	目标
		4. 认识正比例关系的图像,能根据给出的有正比例关系的数据在有坐标系的方格纸上画出图像,会根据其中一个量在图像中找出或估计出另一个量的值,体会数形结合思想。 5. 理解比例尺的意义,掌握相应的数量关系,能正确地求图上距离、实际距离和比例尺。 6. 能利用方格纸等形式按一定的比将简单图形放大与缩小,体会图形的相似。 7. 能运用比例的相关知识,分析、解决实际问题。 8. 体会函数思想。
	自行车里的数学	1. 体会"提出问题—分析问题—建立数学模型—求解—解释与应用"的问题解决的基本过程。 2. 体会数学与生活的广泛联系。
	第五单元 数学广角——鸽巢问题	1. 初步了解"抽屉原理",会运用"抽屉原理"解决一些简单的实际问题。 2. 增强对逻辑推理、模型思想的体验,提高学习数学的兴趣和应用意识。
	第六单元 整理复习	1. 系统地回顾和整理小学阶段所学习的数和代数的基础知识,进一步理解四则运算在现实生活中的应用,体会估算的作用,能比较熟练地进行整数、小数、分数的四则运算,能进行整数、小数加、减、乘、除的估算,会使用学过的简便算法;会解学过的方程;理解比和比例的相关意义,会判断两个相关联量之间的关系,会用比例的相关知识解决实际问题;养成检查和验算的习惯。 2. 巩固常用计量单位的表象,掌握所学单位间的进率,体验这些量及其单位的实际意义,能够进行简单的改写。 3. 掌握所学几何形体的特征;能够比较熟练地计算一些几何形体的周长、面积和体积;巩固所学的简单的画图、测量等技能;巩固轴对称图形的认识,会画一个图形的对称轴,巩固图形运动的基本方法;能根据有序数对或方向和距离确定物体的位置,掌握并能应用有关比例尺的知识,培养学生的几何直观和空间观念。 4. 掌握所学的统计初步知识,掌握基本的数据的收集、整理和分析步骤与方法,能够看懂和绘制简单的统计图表,会根据数据的特点选择合适的统计图,并根据数据做出简单的判断与预测,能够解决一些计算平均数的实际问题,培养学生的数据分析观念。

学期	单元	目标
		5. 进一步感受数学知识间的相互联系，体会数学的作用；掌握所学的常见数量关系和解决问题的方法，能够发现和提出数学问题，并能够灵活地运用所学知识分析和解决生活中一些简单的实际问题，体会和掌握基本的数学思想，积累基本的活动经验，提高应用意识和创新意识。 6. 进一步提高综合运用所学数学知识解决实际问题的能力，发展实践能力。
	第1节 数与代数	1. 在具体的情境中，认识整数、小数、分数、百分数、负数的意义。 2. 进一步理解四则运算在现实生活中的应用，能比较熟练地进行整数、小数、分数的四则运算及混合运算，提高运算能力。 3. 会用字母表示数，会解简单的方程，会用方程解决简单的实际问题。 4. 理解比和比例的相关意义，会判断两个相关联量之间的关系，会用比例的相关知识解决实际问题。 5. 理解一些数量关系，会利用这些数量关系解决实际问题。经历问题解决的过程，提高发现和提出问题、分析和解决问题的能力。 6. 体会和掌握一些基本的数学思想，积累基本的活动经验，感受数学的价值。
	第2节 图形与几何	1. 沟通有关图形之间的联系，体会线与面、面与体之间的关系，构建知识网络，体会分类思想和集合思想在认识图形中的应用。 2. 比较、沟通有关图形之间的联系与区别，巩固所学的识图、画图等技能。 3. 进一步理解周长、面积、体积的意义；沟通平面图形面积计算公式之间的联系，立体图形体积计算公式之间的联系，体会和掌握转化、类比、数形结合等数学思想；能正确计算一些平面图形的周长和面积以及一些立体图形的表面积和体积，并能解决简单的实际问题。 4. 进一步认识图形的平移与旋转、放大与缩小，加深对轴对称图形的认识，能根据指定的要求对简单平面图形进行适当的变换，发展空间观念。 5. 进一步掌握有关比例尺的知识，掌握用数对或根据方向和距离确定物体位置的方法，能描述简单的行走路线，培养空间观念，提高利用几何直观进行思考的能力。 6. 培养学生乐于探究和反思的意识，学会独立思考，进一步提高运用所学知识和方法解决实际问题的能力。

学期	单元	目标
	第3节 统计与概率	1. 体会统计在实际生活中的应用。 2. 能根据实际问题设计简单的统计表，使用适当的方法（如计数、测量、实验等）从众多信息中提炼出有效数据并记录在表中，会对统计表进行初步分析，能较敏锐地感悟到统计表中的一些隐性信息，根据需要处理信息，灵活选择合适的方法解决问题。 3. 能用自己的语言描述条形、折线、扇形统计图的特点，区别单式统计图和复式统计图的特点和作用，进一步巩固用统计图表解决问题的能力，培养学生整理知识的能力。 4. 巩固从统计图表中获取信息的能力，进一步掌握看图填表和看表制图的方法以及逐步巩固规范制作统计图表的方法，培养根据统计信息的来源和读出的数据得出结论，根据结论作出简单的判断和预测以及进行交流的能力。 5. 进一步理解平均数的意义，掌握求平均数的方法，并能解释结果的实际意义，体会平均数的价值。 6. 进一步体会不确定事件的特点，能列出简单试验所有可能发生的结果，知道事件发生的可能性有大有小。能对一些简单事件发生的可能性作出描述和预测，并能相互交流；以随机的观点来理解世界。 7. 进一步体会数学与生活的紧密联系，发展数据分析观念，形成尊重事实、用数据说话的态度，形成科学的世界观与方法论。
	第4节 数学思考	1. 进一步掌握观察、枚举、比较、归纳、列表、假设等逻辑推理时常用的方法，并能较灵活地运用所学方法解决一些实际问题。 2. 进一步提升逻辑推理能力和解决问题能力，体会逻辑推理是学习数学和解决问题的一种重要思考方式。 3. 进一步感受数学的内在魅力，激发数学学习的兴趣，增强数学探索的愿望。
	第5节 综合实践	1. 进一步加深对所学数学知识和方法的理解，获得运用数学解决问题的思考方法，提高综合应用数学知识和方法解释日常生活现象、解决简单实际问题的能力。 2. 进一步体会数学知识之间的联系和综合，培养比较、分析、综合、概括的能力，提高从不同角度、用不同方式探索解决问题的意识和能力，发展思维的灵活性、深刻性和创造性。 3. 进一步体会数学知识和方法在解决实际问题中的作用，提高动手实践、自主探索、合作交流的能力，培养创新意识和创新精神。

第三节 无限奇妙的数学世界

依据"磁性数学"的课程理念，在实施基础课程的同时，聚焦"磁性数学"课程目标，我校开发丰富的学科拓展课程，构建相互补充、相互促进的课程体系，从而创建出一个无限奇妙的数学世界。

一、学科课程结构

《义务教育数学课程标准(2011 年版)》指出：数学学科课程包含"数与代数、几何与图形、统计与概率、综合与实践"四个模块。结合我校数学课程理念，"磁性数学"课程结构分为"磁性数感、磁性空间、磁性数据和磁性探究"四个板块，具体如下(见图 2-1)：

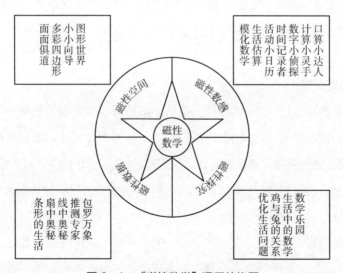

图 2-1 "磁性数学"课程结构图

（一）磁性数感

数感主要指关于数与数量、数量关系、运算结果估计等方面的感悟。建立数感有助于学生理解现实生活中数的意义，理解或表述具体情境中的数量关系。

磁性数感是以数的运算及其知识点应用等为内容的课程板块，开设的课程有"口算小达人""计算小灵手""数字小侦探"等。"数与代数"是小学数学基础的重要组成部分，这个环节逐渐培养儿童的数学素养——细心、刻苦、耐心、坚韧。每一个小突破孕育出一个个小成功，使儿童在获得成就感的过程中体会数学的魅力、感受数学的磁性。

（二）磁性空间

空间几何主要指根据物体特征抽象出几何图形，根据几何图形想象出所描述的实际物体；想象出物体的方位和相互之间的位置关系；描述图形的运动和变化；依据语言描述画出图形等。

磁性空间是以利用几何图形的性质，解决有关几何的问题和描绘创造美丽的图形为内容的课程板块，开设的课程有"长长方方""面面俱到""小小向导""图形世界系列"等。"图形与几何"是小学数学中发展儿童空间思维的重要环节，开设此课程旨在锻炼儿童的抽象思维与动手能力，激发儿童将想法付之实现的欲望，充分发挥"磁性数学"的吸引力。

（三）磁性数据

数据分析的观念包括：了解在现实生活中的问题应当先做调查研究，收集数据，通过分析数据做出判断，体会数据中蕴涵的信息；了解对于同样的数据可以有多种分析的方法，需要根据问题的背景选择合适的方法；通过数据分析体验随机性，一方面对于同样的事情每次收集到的数据可能不同，另一方面只要有足够的数据就可能从中发现规律。数据分析是统计的核心。

磁性数据是指利用统计技巧进行数据分析，利用一定的统计工具展现数据的特点，突显数据规律，从而发现数据之理的课程板块。开设的课程有"我分类我整理""包罗万象""条形的生活""推测专家"等。"统计与概率"课程帮助儿童经历收集、统计、分类、分析、得出结论的过程,通过整理纷繁的数据发现背后的规律,从扁平的数据认识立体纷呈的世界,这便是"磁性数学"的惊喜之处。

(四) 磁性探究

数学探究是以一类问题为载体、师生共同参与的一种学习活动,是帮助学生积累数学活动经验的重要途经,是学生综合运用所学的数学知识、思想、方法解决一些数学问题或现实问题的过程。

磁性探究是以培养学生建立模型思想、提高应用意识和创新意识的课程板块。开设的课程有"数学乐园""数学好玩""我会量""我会称""生活中的数学"等。在知识与生活相互验证的过程中,儿童亲身体验知识的创造,感受数学应用于生活的美妙,这正是"磁性数学"魅力不断增强的动力所在。

二、 学科课程设置

"磁性数学"课程是结合数学模型、生活情境知识,针对在校学生实际情况量身打造的课程。所有课程依据各年级学生学情,由易到难、由浅入深,由单一到综合、循序渐进,贯穿第一、第二阶段,根据不同学段的知识储备和学生需求编制不同内容,由各年级段任课老师组织实施。具体课程设置如下(见表2-3):

表2-3 "磁性数学"课程设置表

课程 学期		磁性数感	磁性空间	磁性数据	磁性探究
一年级	上学期	口算小达人(初阶)1 计算小灵手(初阶)1 数字小侦探(初阶)1 时间记录者(初阶)1	图形世界之立体纷呈(初阶)1 1. 分类 2. 拼组 3. 解决实际问题 图形世界之辩说位置(初阶)1		数学好玩——玩中学,乐中习(初级) 数学乐园

学期	课程	磁性数感	磁性空间	磁性数据	磁性探究
	下学期	口算小达人(初阶)2 计算小灵手(初阶)2 数字小侦探(初阶)2 时间记录者(初阶)2	图形世界之平面视觉(初阶)2 1. 认识 2. 拼组 3. 解决实际问题 图形世界之辩说位置(初阶)2	我分类我整理(初级) (分类小能手)	数学好玩——做中想，做中悟(初级) 摆一摆，想一想
二年级	上学期	口算达人(初级)1 计算高手(初级)1 我的乘法口诀 我和时间	长长方方		我会量
	下学期	口算达人(初级)2 计算高手(初级)2 除法的秘密	我会移(图形)	数据与表格	我会称
三年级	上学期	口算小能手(中阶)1 计算达人(中阶)1 生活估算(中阶)1 我和时间(中阶)1 倍和乘(初阶)	尺短寸长 物体权衡 品方论长	包罗万象	生活中的数学(中阶) 0的简介
	下学期	口算小能手(中阶)2 计算达人(中阶)2 生活估算(中阶)2 我和时间(中阶)2 寻找小数 活动小日历	小小向导 面面俱到	数据与表格	搭配的学问(二) 我们的校园
四年级	上学期	大数与"数大" 口算达人 计算小能手 我和面积单位 乘与除	到处是"角" 多彩四边形(平行四边形、梯形)	条形的生活	优化生活问题
	下学期	四则的约定 口算达人 计算小能手 我和运算定律 生活中的小数	"三角"地带 观察物体与图形的运动	平均与统计图	鸡与兔的关系 营养午餐

续表

学期 \ 课程		磁性数感	磁性空间	磁性数据	磁性探究
五年级	上学期	口算小能手(中阶)1 计算达人(中阶)1 切近生活（中阶）1——小数面积 分段收费(初阶)——坐车 生活估算(高阶)1 生活估算(中阶)2 运筹帷幄(中阶)——植树 模化数学(中阶)——方程	面面俱到——面积 寻位启物(初阶)——位置	推测专家1——可能性	生活中的数学(中阶)——掷一掷
	下学期	口算小能手(高阶)2 计算达人(高阶)3 生活(高阶)3——打电话最优方案 数之韵律(高阶)3 不差丝毫(中阶)——不整分 运筹帷幄(中阶)——铺磁砖 数之奥秘(中阶)——相等分数	序察万物 方体空间 转里求真	推测专家2——图形探索线中奥秘	数动成形(中阶)——图形移动 数鉴优良——找次品
六年级	上学期	口算小能手(高阶)1 计算达人(高阶)1 半数之美(中阶) 返璞归真(中阶)1 配方的数学——比关系之率	寻位启物(中阶)——位置 圆构世界	扇中奥秘	生活中的数学(中阶)——节约用水 确定起跑线——圆周长应用 数之蕴律(高阶)4
	下学期	口算小能手(高阶)2 计算达人(高阶)2 生活（高）2——折扣、利息等 分段收费——（中阶）税收 绘图世界(高阶)2 数之奥秘(高阶)——不同表达的数	圆柱空间 圆锥空间 掌控世界——图形缩放	推测专家3——数据猜测	生活中的数学(中阶)——百分数的应用 自行车里的数学——比例的应用

第四节 搭建精彩纷呈的数学乐园

《义务教育数学课程标准(2011年版)》指出：数学学习"应当是一个生动活泼的、主动的和富有个性的过程"，这就要求数学课程内容的组织要重视过程、重视直接经验的获得；数学课程的实施要符合学生的认知规律，贴近学生的实际，有利于学生体验与理解、思考与探索；要为学生创造"足够的时间和空间经历观察、实验、猜测、计算、推理、验证等活动过程"；要体现小学生学习数学的重要方式即动手实践、自主探索与合作交流，让学生在智慧中聪颖、在快乐中成长。因此，"磁性数学"依据其课程理念、课程目标，通过"磁性课程""磁性课堂""磁性数学节""磁性游戏""磁性故事会""磁性实践"等多种途径为儿童搭建一个精彩纷呈的数学乐园。

一、 建设"磁性课程"，丰富数学学科课程体系

构建"磁性课程"的目的在于提高儿童对数学学习的积极性，只有儿童乐于参与，进行有效思考，才能促进儿童对数学知识的理解，提高吸收能力。构建具有磁性的数学，儿童能在玩中学，学中玩。课程结合小学一至六年级的主要教学内容，根据学生的数学能力基础，由浅入深地将课程编排成四个领域。

增强数与代数课程中的磁性。简单、好玩、有趣的生活情境，更能吸引学生参与到学习中。把生活中具有"磁力"的称号与荣誉渗透到教学课程中，创设一个贴近生活情境的竞赛平台，从而促进孩子努力提升个人对数的感知、对数学的探知。根据每个年段数学教学用书要求，课程的"磁性"荣誉设计如下：(1)口算达人：在规定的时间与地点中进行基础的运算比赛，体验数学的速度与成就感。(2)计算小能手：根据四则运算中各部分间的关系，创设多种有技巧的计算，提高学生对数的灵活处理，培养学生的

数感,感受简便运算的美妙。(3)各年段开设不同的特色授名,如思维捕手、问题猎人、最强大脑等。根据本学期有关数规律的内容,开展体验数学的韵律、数学特有的奥妙的课程,体验数学与生活不可思议的联系。

增强空间几何课程中的磁性。直观、形象、操作性强的生活图形,更能帮助孩子构建具体与抽象的联系,发展儿童的想象能力和空间思维能力。把不可触摸的数学思维模型,变成直观立体的生活物品,并利用物品创设具有数学韵味的几何图形游戏。这种充满磁性的课程,搭建了儿童的想象与现实之间的桥梁,提高儿童的知识理解与掌握效率,也激发了儿童持久的学习动力。本课程的几何图形游戏开设如下:(1)平面视觉(初阶):认识不同图形的形状特点,利用这些具有形状特征的物品,进行图形分类、拼组等小游戏,并能解决一些简单的实际问题。(2)辨说位置(初阶):利用平面位置的特点,描述清楚生活实际的物体位置,或者进行"盲人指路""无人驾驶"等游戏,培养学生空间思维能力和动手操作与表达的能力。(3)面面俱到(中、高阶):利用最基本的图形几何公式,把复杂的图形,通过小组合作,进行现场剪割、分类、拼凑,组成熟悉的图形,表述出依据的数学知识,并解决实际的问题。(4)序察万物:在平面视觉的基础上,提升了难度,通过小组合作,通过三个角度观察模型,流利地表述出相应的平面图形,并现场画出模型的三观图与利用材料制作出大小相同的模型。(5)掌控世界:高年级学生利用已有的数学知识和画图的方法,通过小组合作,依据文字信息的要求,制作出一幅宝藏路线图,帮小组成员找出宝藏所在的位置。

增强数据统计课程中的磁性。将数据间的神秘联系,直观地呈现给儿童,让儿童经历研究数据特点、分类数据、推测数据、整理数据和将数据简洁与直观化的过程。激发儿童对数据的规律与数据间蕴含的秘密的探索欲望,进而发展儿童的学习能力和探究思维。融合了荣誉称号与"磁性游戏"的特点,开发出更具有磁性的课程,实施如下:(1)分类小能手(初阶):认识不同数据的特点,会分析这些数据的特征,并能根据信息的要求,进行分类或演说分类数据间的关系。(2)推测专家(初阶、中阶):根据已有的数据,推测将要发生的数据是什么,或者利用生活现象蕴含的数据,推测将会发生的事情。(3)图形探索(高阶)：根据生活现象中出现的一串数据,经历小组分析、整理、处理的过程,利用直观简洁的图形,描述出数据间的特点与联系,并推测将要发生的事件可能性。

提高综合实践课程中的磁性。深化儿童对自身能力的认知,通过独立解决问题的过程,培养儿童的自信心,并从这些策略游戏活动的安排中,发展数学课程的磁性。具有磁性的实践课程安排如下：(1)数学好玩(初阶)：通过摆一摆、想一想、试一试,总结在不同算式中破解的方法。(2)生活中的数学(初、中、高阶)：通过量一量、称一称,独立思考与小组交流方法,描述出物体的数学信息,如：长、占地面积、占的空间大小、运输重量等生活问题。(3)开展各年段具有特色的活动,如：数鉴优良、数动成形、数之韵律(高阶)、自行车里的数学、营养午餐、我们的校园等,能根据各年段的数学知识要求,开设出让孩子感兴趣,并积极动手探究的数学活动。

二、 建构"磁性课堂",提升数学学科课程品质

"磁性课堂"是指充满创新活力、吸引力、亲和力,能鲜明地体现和谐性、安全性的数学课堂。义务教育阶段数学课程的基本出发点是促进学生全面、持续、和谐地发展,而"磁性课堂"是实现学生全面、持续、和谐地发展的条件之一。随着课程改革的不断推进,教师在不断改进自己的教学方法,积累教学经验,努力让数学课堂充满乐趣,增强师生互动,构建和谐的师生关系,创建精彩而又充满"磁性"的小学数学课堂。

游戏化教学,激发学生学习兴趣。数学具有学科特点,教师如果一味地采取讲解的方式来教学,数学课堂就会显得死气沉沉。如何将数学课堂变得生动有趣是数学教师的首要任务。根据小学阶段学生爱玩的心理特征,教师可以巧妙地将学生喜爱的游戏与数学课堂内容联系在一起,以吸引学生的注意力,让学生能够有效地参与到数学课堂中,构建充满欢乐的数学课堂。例如,在小学数学二年级上册《量一量》的教学中,教师为了使课堂内容变得丰富多彩,将测量游戏带入课堂中,学生的兴趣被激发,参与

积极性也得以提高。而学生从游戏中轻松地建立长度的概念，整合了各方面知识，对长度有了初步的认识，积累测量的实践经验。游戏的引入，成功地激发了学生的学习兴趣，化静态为动态，将枯燥的数学概念教学变得生动有趣，使学生感受到数学的魅力所在，构建富有"磁性"的数学课堂。

多媒体教学，调动学生学习热情。多媒体技术的引入，丰富了课堂内容，使单调的数学课堂呈现方式多样化，还能将复杂抽象的数学内容变得简单形象，通过声、形、色让学生更真实地体会数学知识，感知数学内容。多媒体教学还能使数学课堂变得更加精彩高效，吸引学生的注意力，让学生跟随教师的思路，共同完成教学目标，最终实现快乐学习。例如，在小学数学五年级下册《圆》的教学中，教师利用多媒体向学生展示用绳子将一头羊拴在一棵树上的一组动画，教师提问："同学们，你们观察一下这段动画，想一想这头羊最多能吃到多大范围内的草？"这时候教师让这头羊动起来，以这棵树为圆心，以绳子为半径，让这头羊绕着这棵树做圆周运动。多媒体的演示使学生清楚地观察到了这头羊的运动范围，深刻地理解了圆面积的概念。多媒体技术的引入，成功地演绎了精彩的小学数学课堂，也让小学数学课堂真正变得有"磁性"。

情境化教学，营造良好课堂环境。教师应该利用数学与生活实际联系密切的特点，在数学课堂教学中采用生活化情境教学，让学生在已有生活经验的基础上轻松地学习数学知识。通过生活情境的设置，为学生营造熟悉的课堂氛围，拉近数学知识与学生的距离，从而激发学生的积极主动性。例如在《小数的乘法和除法》的教学中，教师为学生设置了一个走进超市购买商品的生活情境，让学生从生活实际中去感受数学知识。教师巧妙地将学生带入到生活情境中，让学生从自己熟悉的角度去思考问题，营造良好的思考环境，引导学生主动参与到教师设置的问题中。同时，这个情境的设置将抽象的数学内容变得生动、形象，让学生建立正确的心理表征，从而启发思考的方向。教师让数学课堂与生活实际紧密地联系在一起，让学生从生活中感受数学，让数学课堂变得丰富多彩，同时锻炼学生的数学应用能力，利用数学知识解决实际问题，提高学生的问题解决能力。

评价式教学，培养学生学习信心。充满"磁性"的数学课堂离不开教师客观、合理的评价。在对学生进行评价时，不要只关注学生的学习效果，更要关注学生的学习过程，关注学生的方方面面，从而促进学生全面发展。教师对学生进行积极的评价，让学生对数学课堂不再抵触，能从数学课堂中获得更多自信。学生正处于发展阶段，教师在课堂教学中不要随意地去否定学生，每一位学生都有自身独特的个性以及闪光点，教师要用一双善于发现的眼睛去观察学生，对学生的优点加以肯定，及时给予表扬和鼓励，让学生在数学课堂中扬起自信的风帆。教师可以通过对学生进行积极的评价，增强学生的自信心，让学生在以后的数学课堂中变得更加积极主动，为构建高效和谐的小学数学课堂气氛做好铺垫。

三、 创设"磁性数学节"，浓郁数学学科课程氛围

"磁性数学"关注学生在学习中的主体地位，因此在教学中提高学生的学习兴趣变得尤为重要。基于此，我们开展多种多样的数学活动，让学生参与其中，在乐中学，在乐中思。

我校数学组以"做中学，学中做"为理念，结合学生的实际情况，开展了"描绘数学之美""计算能力大赛""数学游戏大比拼""执数探世界""口算卡片"等活动。丰富的活动不仅巩固了学生的知识，拓展了学生的思维，还能把理论知识转化成实践能力，促进了学生的全面发展。具体课程的设立与实施如下：

描绘数学之美。以手抄报、思维导图为主要内容，每月开设一次描绘数课程，以学生报名为主，教师推荐为辅，统一时间地点进行比赛。

计算能力大赛。以已学的基本计算为主要内容，以年级为单位，试题由学校统筹，根据完卷时间和分数评选出一、二、三等奖，并选出优秀的作品进行校内展示。

数学游戏大比拼。以多种形式的计算为主，如 24 点、口算、大转盘、扑克、卡片等激发学生的计算兴趣。这类游戏在日常课程中有所渗透，学校也会在统一时间组织全校性活动，材料由教师准备，师生人人参与，形成数学味浓郁的氛围。在活动过程中，

让学生以每完成一项活动就收获一枚印章的方式,进一步提高学生参与的积极性,增加活动的趣味性。

执数探世界。以学生自行探索蕴藏在生活中的几何问题为主要内容。在日常教学中渗透,并选取特定学生培训,带其他学生进入氛围,让学生养成用数学思维探索周围世界的习惯。

四、 设计"磁性游戏",活跃数学学科学习

"磁性游戏"旨在帮助学生在游戏过程中发现数学问题、学习解决问题的方法,同时了解和认识数学知识和数学思想。柏拉图认为,儿童的本性可以由游戏引出,所以在小学数学课堂教学中,教师如果能够结合课程内容融入游戏活动,既能充分调动学生动手、动口等多感官参与学习,激发学生数学学习的兴趣,提高学生主动学习的积极性;又能在省时高效地完成教学任务的同时,渗透数学思想方法,培养学生的数学思维。具体可以从以下几个方面融入"磁性游戏"。

在教学情境中融入"磁性游戏"。良好的教学情境能让学生更快地进入学习。把"磁性游戏"渗透到教学情境中,需贴近学生生活实际。例如,在教学了"认识人民币"的有关内容后,教师可以开展"争当购物小达人"的"磁性游戏"。磁性游戏规则如下:(1)出示不同价格的商品。(2)快速、准确地用人民币学具摆出购买方案的同学获得这件商品。(3)"磁性游戏"结束后,哪个小组获得的商品数量多,哪个小组的成员就可以被称为"购物小达人"。学生在这个"磁性游戏"过程中,应用刚学习的有关人民币的知识,结合商品的价格,进行不同币值的组合和换算,体会到人民币购物的使用价值和交换价值。

在活动中融入"磁性游戏"。可以把一些传统单调的练习转变成"磁性游戏"的方式,让学生在游戏的过程中,达到巩固知识的目的。例如,口算类的"磁性游戏",可以设计为开火车、找朋友、对口令、24 点等活动,从而激发学生的兴趣。

在体验中融入"磁性游戏"。在活动过程中,让学生能够主动汲取知识。例如,学

完 20 以内加减法口算,可以组织"我是口算王"的"磁性游戏"。该游戏规则:(1)两个学生之间各自手握 5 张扑克牌,然后各自出一张牌。(2)约定好算出两张牌面上的数字和,谁先算对谁就赢得对方的牌,获得"口算王"的称号。以上这个"磁性游戏",显然是 20 以内加法的计算训练游戏,把这种计算的体验改为游戏的体验,正好把握小学生好胜的心理,使单纯的计算变成更有趣的游戏。

在操作活动中融入"磁性游戏"。通过数形结合把学生的思维引向更深层次,发挥学生的想象力和创造力,促进学习。例如,传统游戏中的七巧板,虽然只有 7 块简单的基本图形,但是组合在一起,却能产生非常丰富有趣的图案。同时,通过图形的组合让学生更好地加强几何直观的感受。七巧板不仅能发展学生的空间想象能力,而且能培养学生的发散思维和动手能力。

闯关"磁性游戏"。在进行单元复习或者强化一组有关联的知识点时,可以采用闯关磁性游戏。把几个由浅入深的活动连成一个整体的磁性游戏活动,让学生在参加每个小的磁性游戏关卡时,准确把握知识点,提升技能技巧。

培养学生学习兴趣的方法有很多,"磁性游戏"无疑是一种较好地贴合学生兴趣的方式。"磁性游戏"活动能把抽象的数字、符号、规律、公式等融入学生喜欢的活动中,促发学生的好奇心,引发其尝试、猜测、探索的欲望,并实现交流、对话、分享,从而提升学生的数学素养。

五、 做活"磁性故事会",激活数学文化

将数学文化吸附在故事的字里行间,这会极大地激发学生想要了解数学文化、运用数学的热情,激发学生对数学的学习兴趣,进一步提高学生对数学知识的钻研能力,使学生逐步形成勇于实践、敢于创新的思维,有助于全面提高学生的数学文化素养。有关数学的"磁性故事会"是一场充满数学文化想象力的表演盛宴。

我校数学组以增强师生的数学文化素养为目的,组织学生进行有关数学的讲故事比赛,该活动能提升学生的语言表达能力,培养创作能力和审美情趣,同时也潜移默化

地增进学生热爱数学的情感,激活数学文化。以自愿报名为原则,极力鼓励学生发挥将自己的数学文化素养和演讲结合的才能,开展全校性的"磁性故事会"。

六、 打造"磁性实践",展露个性风采

综合实践活动的开展,作为学校课堂教育的外延,发挥着重要的作用。这不仅能充分发挥学生的个性风采,锻炼学生的管理能力,还有利于塑造学生人格,更是学校精神文明建设的有效方式。基于此,我校数学科组以创办实践活动为途径,满足学生个人发展需求,表现个性、展露风采,培养更有创造力的学生。

"磁性实践"的实施是以问题为载体、以学生自主参与为主的学习活动。它有别于学习具体知识的探索活动,更有别于课堂上教师的直接讲授。它是教师通过问题引领、学生全程参与、实践过程相对完整的学习活动。

积累数学活动经验、培养学生应用意识和创新意识是数学课程的重要目标,应贯穿整个数学课程之中。"磁性实践"是实现这些目标的重要和有效的载体。"磁性实践"的教学,重在实践、重在综合。重在实践是指在活动中,注重学生自主参与、全过程参与,重视学生积极动脑、动手、动口。重在综合是指在活动中,注重数学与生活实际、数学与其他学科、数学内部知识的联系和综合应用。

教师在教学设计和实施时应特别关注的几个环节:问题的选择,问题的展开过程,学生参与的方式,学生的合作交流,活动过程和结果的展示与评价等。

选择恰当的问题是使学生能充分、自主地参与"磁性实践"活动的关键。这些问题既可来自教材,也可以由教师、学生自主开发。提倡教师研制、开发、生成出更多适合本校学生特点的、有利于实现"磁性实践"课程目标的好问题。

实施"磁性实践"时,教师要放手让学生参与,启发和引导学生进入角色,组织好学生之间的合作交流,并照顾到所有的学生。教师不仅要关注结果,更要关注过程,不要急于求成,要鼓励引导学生充分利用"磁性实践"的过程,积累活动经验、展现思考过程、交流收获体会、激发创造潜能。

在实施过程中，教师要注意观察、积累、分析、反思，使"磁性实践"的实施成为提高教师和学生素质的互动过程。

教师应该根据不同学段学生的年龄特征和认知水平，以及学段目标，合理设计并组织实施"磁性实践"活动。

第三章

多彩英语：浸润在缤纷多彩的语言乐园

　　歌德说："人不光是靠他生来就拥有一切，而是靠他从学习中所得到的一切来造就自己。"英语是多彩的世界，充满乐趣。建立国际意识，让儿童既掌握知识技能，又丰富情感世界，获得与世界对话的能力，感受生命的缤纷多彩，便是"多彩英语"的旨趣。

凤凰湖小学英语组，现有专任教师 3 人。按照学校制定的"着色生命，自由呼吸"的办学理念，教研组认真开展教研组活动和备课组活动，积极参加各类活动。我校依据教育部《关于全面深化课程改革落实立德树人根本任务的意见》《义务教育英语课程标准(2011 年版)》，进一步推进"多彩英语"课程群建设。

第一节　英语是开阔视野的窗口

一、学科性质观

《义务教育英语课程标准(2011 年版)》指出：义务教育阶段的英语课程具有工具性和人文性双重性质。就工具性而言，英语课程承担着培养儿童基本英语素养和发展儿童思维能力的任务，即儿童通过英语课程掌握基本的英语语言知识，发展基本的英语听、说、读、写技能，初步形成用英语与他人交流的能力，进一步促进思维能力的发展，为今后继续学习英语和用英语学习其他相关科学文化知识奠定基础。就人文性而言，英语课程承担着提高儿童综合人文素养的任务，即儿童通过英语课程能够开阔视野，丰富生活经历，形成跨文化意识，增强爱国主义精神，发展创新能力，形成良好的品格和正确的人生观与价值观。工具性和人文性统一的英语课程有利于为儿童的终身发展奠定基础。

基于这种认识，我们认为，英语课程的核心价值是：掌握英语语言知识，培养儿童基本英语素养，发展儿童思维能力，开阔儿童视野，以形成良好的品格和正确的人生观与价值观。通过英语学习引领儿童多角度看生活，丰富文化情感，全面提升儿童的英语素养，让英语成为儿童开阔视野的窗口。

二、 学科课程理念

依据《义务教育英语课程标准（2011 年版）》精神，提出我校英语学科课程的核心概念为"多彩英语"。结合英语课程的工具性和人文性双重性质，我校"多彩英语"的核心理念是：浸润在缤纷多彩的语言乐园。儿童通过积累丰富多彩的英语语言，感悟灵敏的语言思维，潜移默化地感受情感态度教育，在开放、充满乐趣的英语课堂中提升英语素养和个人修养，提高感受生活乐趣的能力。

（一）"多彩英语"是快乐的英语

依据儿童天真、活泼的心理特点，结合相关教材，有针对性地打造适合儿童学习的快乐课堂，开展相应的教学活动，寓教于乐，使儿童在课程中发现学习、享受学习、热爱学习。

（二）"多彩英语"是丰富的英语

以英语知识为基础，以听、说、读、写与文化为核心构建一系列丰富的课程，以儿童学习吸收为主，重新构建适合儿童年龄特点的课程。

（三）"多彩英语"是实践的英语

本课程以课堂学习知识为主，以丰富的英语课程活动为辅，定期针对不同年段、不同英语知识点设计属于儿童的英语活动，以活动为课程，让儿童感受到英语的魅力，提高儿童英语运用能力。

（四）"多彩英语"是尚美的英语

英语课程不仅强调儿童英语知识技能的获得，而且关注他们对情感、审美等精神层面的渴求，重视英语课堂中的价值观引领，培养儿童高尚品格。

第二节　语言与文化双向融合

《义务教育英语课程标准(2011 年版)》指出：通过英语学习使儿童形成初步的综合语言运用能力，促进心智发展，提高综合人文素养。综合语言运用能力的形成建立在语言技能、语言知识、情感态度、学习策略和文化意识等方面整体发展的基础之上。同时我们主张英语课堂不仅要体现学习的工具性，更要实现儿童的个人价值，在学习中提高儿童的自我意识、丰富儿童的情感，实现知识与情感的双向构建。

一、学科课程总体目标

我校英语科组结合《义务教育英语课程标准(2011 年版)》将英语学习总体目标定为"语言技能、语言知识、情感态度、学习策略、文化意识"五大板块，从而让儿童浸润在多彩的语言世界里。

(一) 语言技能

小学英语学习中，语言技能是语言运用能力的重要组成部分，通过听、说、读、写四方面的技能，提升儿童英语综合运用能力。小学阶段英语学习需要达到的技能是：

听：能够借助图片、图像、手势听懂简单的话语或录音材料；能听懂简单的配图小故事和课堂活动中简单的提问，并根据教师的常用指令和要求，做出适当的反应和简单的英语游戏。

说：能正确运用日常用语；能就所熟悉的个人和家庭情况进行简单对话，做到发音清楚，语调基本达意；能在教师的帮助和图片提示下，描述简单的小故事；能唱简单的英语歌谣，表演小故事或小短剧。

读：能根据拼读的规律，读出所学的单词；能读懂教材中的对话与短文，借助图片读懂简单的故事或小短文，并养成按意群阅读的习惯。

写：能正确地使用大小字母和常用的标点符号，写出简单的问候语和祝福语，根据图片、词语或例句的提示，写出简短的语句。

（二）语言知识

小学英语学习中，语言知识是发展语言技能的重要基础，儿童英语学习的语言基础知识包括语音、词汇、语法、功能、话题。小学阶段英语学习需要达到的知识是：

语音：正确读出 26 个英文字母；了解简单的拼读规律、单词及句子的重读；了解英语语音包括连读、节奏、停顿、语调等现象。

词汇：能根据单词的音、意、形来学习词汇。学习有关本话题范围的 600—700 个单词和 50 个左右的习惯用语，并能初步运用 400 个左右的单词表达相关话题。

语法：在具体语境中理解名词、形容词、代词、介词及四种基本时态的意义和用法，在实际运用中体会以上语法项目的表意功能。

功能：理解和运用有关问候、介绍、请求、邀请、致谢、情感、喜好、建议等功能的语言表达形式。

话题：理解有关个人情况、家庭与朋友、身体与健康、学校与日常生活、文体活动、节假日、饮食、服装、季节与天气、颜色、动物等话题，并正确运用。

（三）情感态度

情感态度指兴趣、动机、自信、意志和合作精神等影响儿童学习过程和学习效果的因素。通过英语学习，激发儿童英语学习兴趣，帮助儿童形成爱国意识和国际视野。小学阶段英语学习需要培养的情感态度是：敢于开口，积极参与各种课堂学习活动；小组活动中与其他同学积极配合和合作，乐于感知并积极尝试，体会到英语学习的乐趣。

（四）学习策略

学习策略指儿童为了有效地学习和使用英语而采取的各种行动和步骤，以及指导这些行动和步骤的信念。小学阶段英语学习需要掌握的学习策略是：会制订简单的英语学习计划，对所学内容进行复习和归纳；在课堂交流中乐于学习、积极思考，注重小组合作；尝试阅读英语故事及其他英语课外读物，遇到不懂的单词能初步借助简单的工具书学习；在日常生活中能够积极运用英语进行表达和交流。

（五）文化意识

语言有丰富的文化内涵，在英语学习过程中，了解外国文化有助于儿童对英语的理解和使用，培养国际意识。小学阶段英语学习的文化意识包括：知道英语中最简单的称谓语、问候语和告别语，并对一般的赞扬、请求、道歉等做出适当的反应；知道主要英语国家的首都和国旗、重要标志物、节假日、典型的食品和饮料名称，初步意识到中外文化异同。

二、学科课程学段目标

依据《义务教育英语课程标准（2011 年版）》的课程目标，九年制义务教育小学阶段英语学科分成一、二、三、四、五、六年段来学习。参照课程标准，我校英语学科学段目标如下（见表 3-1）：

表 3-1 "多彩英语"课程目标表

学段		上学期		下学期
一年级	Unit 1	1. 能运用简单的打招呼用语："Hi!""Hello!""Good morning!""How are you?"。能询问同学名字和用"My name is …""I am …"进行自我介绍。 2. 学会借助歌曲、小诗掌握问候和介绍用语。 3. 能模仿教师或录音，敢于开口，积极参与交流，并树立学	Unit 1	1. 能运用有关家庭成员的单词 father, mother, brother, sister, grandpa, grandma, baby 以及形容词 short, tall, big, small, 还要求掌握句型"Who's this? My mother."。 2. 会建立自己的名片卡，并与同学交流。 3. 会根据伙伴的生日制作生日卡片，

学段		上学期		下学期
		习英语的自信心。 4. 在小组互动中，养成懂礼貌的好品质。		提高人际交往的能力。 4. 通过学习活动的亲情教育，培养儿童爱家庭及尊重长辈的情感。
	Unit 2	1. 能正确认读单词：pencil、book、bag、ruler、rubber、pencil-case、tooth、new。能运用句型"I have a …""Show me …"。 2. 敢于开口，积极参与交流，勇于表现。 3. 养成儿童爱护文具的意识，学会及时表扬他人。	Unit 2	1. 能用英语说出家中的房间：house、living-room、bedroom 和 washroom。学会与日常起居有关的动词：sleep、eat、cook、play、wash、watch TV。学会主要句型"Where's …""In the …""Let's …"等。 2. 能唱和朗读本模块歌曲、小诗，表演故事。 3. 培养爱劳动、爱清洁的习惯。
	Unit 3	1. 能正确认读有关数字的单词和词组：one、two、three、four、five、six、seven、eight、nine、ten。初步知道用"how many"问数量及会用"I have …"的句型。 2. 敢于开口，积极参与交流，勇于表现。 3. 通过学习活动，儿童初步意识到名词单复数的异同。	Unit 3	1. 能运用有关家具和表示位置的单词：room、bed、desk、chair、in、on、under、behind、floor、door。学会句型"It's in/on/under/behind the …""What is it?"及其回答"It's a …"。 2. 能唱和朗读本模块歌曲、小诗，表演故事。 3. 通过学习活动教育儿童从小养成爱护物品和自觉整理房间的生活好习惯。
	Unit 4	1. 能正确认读有关颜色的单词：green、orange、pink、black、red、yellow、blue、purple、rainbow、smiling、cool、balloon。能运用句型"What colour is it? It's …"以及"I like …"。 2. 会唱和朗读本模块歌曲、小诗，表演故事。 3. 通过学习活动，培养儿童对颜色的感知能力，认识色彩斑斓的世界。	Unit 4	1. 能听、认读有关家具和家电的单词：sofa、closet、sink、toilet、table、fridge 以及继续学习谈论物品位置的句型"Where is …? It's in/on/under/behind …"和新句型"I like …"。 2. 会唱和朗读本模块歌曲、小诗，表演故事。 3. 在小组合作中培养儿童的学习兴趣。

续表

学段		上学期		下学期
	Unit 5	1. 能正确认读有关玩具的单词：plane、car、puzzle、train、scooter、skip rope、cap、watch。能运用句型"Do you have …?"及其回答"Yes, I do. /No, I don't. /Here is my …"。 2. 会唱和朗读本模块歌曲、小诗，表演故事。 3. 通过学习活动，培养儿童爱护玩具、乐于分享的意识。	Unit 5	1. 能听、认读动物名称及动物特征的单词：spider、duck、mouse、frog、turtle、furry、scary、fast、slow 及 feed。能运用句型"Is it a …?"及其回答"Yes, it is. /No, it isn't."。 2. 会唱和朗读本模块歌曲、小诗，表演故事。 3. 通过学习活动，教育儿童从小爱护动物。
	Unit 6	1. 能正确认读有关动物的单词：lion、monkey、rabbit、elephant、kangaroo、swing、run、walk、jump、far。能运用句型"I can …/I can't …/I am a …"。 2. 积极参与小组活动，进行角色扮演。 3. 通过学习活动，培养儿童关爱动物、与动物和谐相处的生活态度。	Unit 6	1. 能听、认读有关食物的单词：noodles、chicken、hamburger、French fries、tea、milk、orange juice、water、apple、orange、banana、grape、ice-cream、cake、cookie、apple pie。能运用句型"What do you want?"及其回答"I want …"。 2. 能流利地表达自己想吃的食物。乐于模仿，敢于开口，积极参与交流。 3. 通过学习活动教育儿童珍惜粮食。
二年级	Unit 1	1. 能正确认读单词和词组：dance、draw、ride a bike、play the piano、skate、fly a kite、teach、skip rope。能运用句型"I can/can't …""Can you …""Yes, I can. /No, I can't."。 2. 会唱和朗读本模块歌曲、小诗，表演故事。 3. 能用连贯的句子向同学介绍自己喜欢的活动。	Unit 1	1. 能正确认读单词和词组：live、underground、bus、taxi、motor-bike、on foot、white、moon、spaceship、floor、by bike、by train、by plane、take … to …。能运用句型"I live in … I go to school by … I want to go to … Can I go by … No, you can't. You/I have …"。 2. 会唱和朗读本模块歌曲、小诗，表演故事。 3. 通过学习活动，让儿童认识交通工具，恰当合理搭乘或使用交通工具。

续表

学段	上学期		下学期
Unit 2	1. 能正确认读单词：rice、meat、fish、bread、sausage、egg、carrot、breakfast、lunch、dinner、hungry。能运用句型"I like/don't like …""Do you like …"及其回答"Yes, I do. / No, I don't.""What's for breakfast/lunch/dinner?"。 2. 会唱和朗读本模块歌曲、小诗，表演故事。 3. 通过学习活动，鼓励儿童在日常生活中用英语表达分享自己喜欢的食物。	Unit 2	1. 能正确认读单词：policeman、doctor、nurse、engineer、manager、teacher、driver、cartoonist、fireman driver、bus-driver、teacher。能运用句型"He/She goes to work by …""What does he/she do? He/She is a …"。 2. 会唱和朗读本模块歌曲、小诗，表演故事。 3. 通过学习活动，让儿童认识职业，培养他们树立理想、积极进取的价值观。
Unit 3	1. 能正确认读单词：T-shirt、skirt、dress、shirt、sweater、jacket、jeans、socks、shorts、shoes、boy、girl、he、she。能运用句型"He/She's wearing …"。 2. 会唱和朗读本模块歌曲、小诗，表演故事。 3. 乐于模仿，敢于开口，积极参与交流。 4. 通过学习活动，让儿童能用英语描述其他人的穿着，培养审美情趣。	Unit 3	1. 能正确认读单词和词组：bookstore、park、zoo、swimming pool、playground、supermarket、computer game、swim、ride a bike。能运用句型"My favourite place is the …""Will you please take me to the …?"。 2. 会唱和朗读本模块歌曲、小诗，表演故事。 3. 通过学习活动，让儿童认识场所，养成善于观察的好习惯。
Unit 4	1. 能正确认读单词、短语：get up、have、go to school、go home、go to bed、wake up、hurry up、late、eleven、twelve、thirty。能运用句型"What time is it?""I get up at 6: 30. It's time for dinner."。 2. 会唱和朗读本模块歌曲、小诗，表演故事。 3. 通过学习活动，让儿童描述日常作息，培养儿童珍惜时间、合理安排作息时间的良好习惯。	Unit 4	1. 能正确认读单词：Monday、Tuesday、Wednesday、Thursday、Friday、Saturday、Sunday、play the piano、draw、swim、dance、skip rope、read。能运用句型"My favourite day is Monday.""I play the piano on Monday.""What day is it today?""It's Tuesday."。 2. 会唱和朗读本模块歌曲、小诗，表演故事。 3. 通过学习活动，让儿童认识一周的活动，培养其热爱劳动、热爱生活。

续表

学段		上学期		下学期
	Unit 5	1. 能正确认读单词：fly-flying、skate-skating、skip-skipping、ride-riding、drink-drinking、swim-swimming、sing-singing、chase-chasing、coke、sun。能运用句型"What are you doing?""I'm riding a bike.""Are you swimming?""Yes, I am. /No, I am not."。 2. 会唱和朗读本模块歌曲、小诗，表演故事。 3. 乐于模仿，敢于开口，积极参与交流。 4. 通过学习活动，让儿童正确介绍自己正在做的事情，培养其热爱生活和发掘爱好。	Unit 5	1. 能正确认读单词：sunny、windy、hot、cold、rain、snow。能运用句型"It's sunny(today). Put on your boots."。 2. 会唱和朗读本模块歌曲、小诗，表演故事。 3. 通过学习活动，让儿童认识天气和穿着，培养其学会交往，关心他人。
	Unit 6	1. 能正确认读单词和词组：mop/mopping the floor、wash/washing up、read/reading、do/doing a puzzle、set/setting the table room、newspaper、computer。能运用句型"What's he/she doing?""He/She's doing …"。 2. 会唱和朗读本模块歌曲、小诗，表演故事。 3. 通过学习活动，让儿童能就正在进行的活动交换信息。	Unit 6	1. 能正确认读单词和词组：spring、summer、autumn、winter、go fishing、go swimming、go hiking、make a snowman、coat、sandal、trainer、cool、warm。能运用句型"It's hot in summer.""We wear sandals in summer."。 2. 会唱和朗读本模块歌曲、小诗，表演故事。 3. 通过学习活动，让儿童认识天气和季节，培养他们热爱自然，善于观察。
三年级	Module 1	1. 能正确认读单词：hello、hi、good、morning、afternoon、evening、night、how、are、you、fine。能运用句型"Goodbye/Bye!""Hello! /Hi!""Good morning/afternoon/evening/night."" How are you? -Fine.""Goodbye/Bye!" 2. 能正确朗读字母 Aa-Hh 及其字母发音。	Module 1	1. 能正确认读有关颜色的单词：colour、red、green、blue、pink、yellow、purple、black、white。能运用句型"What colour is the …? It's red …""Let's colour the … green.""I like black …""Look at the …""That's good."。 2. 能拼读含有元音 a 的开、闭音节的单音节单词. 3. 乐于与他人谈论有关颜色的话题。

续表

学段	上学期		下学期
	3. 能乐于与他人进行口语对话。 4. 通过学习活动，教育儿童有礼貌。		4. 通过学习活动，让儿童体会颜色的美好，体会生活的美好，更加热爱生活。
Module 2	1. 能认读单词：I、am、what、is、your、my、name、let、us、friend、this、teacher、nice、meet、you、new、too。能运用句型"What's your name? - My name is …/I am …" "Let's be friends." "This is …" "Nice to meet you. - Nice to meet you, too."。 2. 能正确朗读字母 Ii—Qq 及其字母发音。 3. 能乐于向他人介绍自己以及朋友。 4. 通过学习活动，增加儿童学习的自信心，同时培养他们乐于交朋友的品质。	Module 2	1. 能正确认读方位介词：in、on、under、beside、behind、in front of、near。能运用句型"Where is …? It's in/on … the …." "Is the … in/on … the …?" "Yes, it is. /No, it isn't."。 2. 能拼读含有元音 e 的开、闭音节的单音节单词和含字母组合 ee 的单音节单词。 3. 乐于与他人谈论有关物品摆放位置的话题。 4. 通过学习生活，让儿童学会整理自己的东西，善于观察。
Module 3	1. 能认读单词：wash、touch、clean、brush、open、close、face、eye、hand、ear、feet、teeth、head、hair、nose early。能运用句型"OK. /And …, too." "Let's …"。 2. 能正确朗读字母 Rr—Zz 及其字母发音。 3. 能乐于与他人开展指令游戏。 4. 通过学习活动，认识自己的五官与身体部位，爱自己，热爱生活。	Module 3	1. 能正确认读单词：old、eight、nine、ten、may、have、your、telephone、for。能运用句型"How old are you? I'm eight …" "May I have your telephone number?" "It's/They're for …"。 2. 能把单数形式句子转换成复数形式. 3. 乐于与他人谈论有关数字的话题。 4. 通过学习活动，让儿童学会观察生活中的数字。
Module 4	1. 能认读单词：grandpa、grandma、father、mother、brother、sister、me、he、she、boy、girl、man、woman、who、that、cute、pretty。能运用句型"Who's this/	Module 4	1. 能正确认读单词：some、want、apple、orange、fruit。能运用句型"May I have some …?" "I want a/some …" "Do we have …? Yes, we do. /No, we don't." "What fruit do you like?"

续表

学段	上学期		下学期
	that …?""He's/She's … ." "Is he/she …?""Yes, he/she is. /No, he/she isn't. "。 2. 能正确朗读 26 个字母的字母音。 3. 乐于与他人谈论人物的外貌特征。 4. 通过学习活动,爱自己,爱家人。		"I like apples/oranges/ …""Here you are. "。 2. 能拼读含有元音 o 的开、闭音节的单音节单词。 3. 乐于与他人谈论有关水果的话题。 4. 通过学习活动,让儿童学会生活中如何表示自己需要的食物,珍惜粮食。
	Module 5	1. 能认读单词: toy、dog、cat、ball、kite、rabbit、show、please、have、ship、plane、car、bus、bike、boat。能运用句型"Is it …? No、it isn't. Yes、it is. It's Jiamin's. I have … . It has …"。 2. 能正确朗读 26 个字母的音素音。 3. 乐于与他人谈论有关玩具的话题。 4. 通过学习活动,培养儿童爱护玩具,乐于分享的意识,养成良好的生活习惯。	Module 5	1. 能正确认读单词: who、cute、baby、how、many、there、family、those。能运用句型"Who's the boy …? He's/She's … ""Who are they? They're my father and mother. " " There is/are … " "How many people are there in your family? There are"。 2. 能拼读含有元音 o 的开、闭音节的单音节单词。 3. 乐于与他人谈论亲人的话题。 4. 通过学习活动,让儿童懂得爱护家人。
	Module 6	1. 能正确认读单词: do、ruler、may、use、here、pencil、sorry、bag、pen、book、rubber、put、in、the、box、on、desk、under、bed、room、tidy、table、chair。能运用句型"Do you have …? /Yes, I do. /No, I don't. "。礼貌用语"May I use …? /Sorry. / Here you are. /Thank you. "以及发出和接收指令用语" Put your toys in/on/… the …. OK. "。描述物品的方位的句型… is/are in/on/under the …	Module 6	1. 能正确认读单词: aren't、those、has、pet、tail。能运用句型"These/Those/They are/ aren't … " " Are these/those/ they …? Yes, they are. /No, they aren't.""He/She has …"。 2. 知道 y 作为元音的两种读法。 3. 乐于与他人谈论宠物的话题。 4. 通过学习生活,让儿童学会观察,爱护宠物。

学段		上学期		下学期
四年级		2. 能正确朗读 26 个字母的字母音及音素音。 3. 乐于与他人谈论文具的话题，并学会如何借还东西。 4. 通过学习活动，培养儿童学会小组合作、与他人交流的能力及互相帮助、礼貌递送物品的习惯。		
	Module 1	1. 能正确认读单词：bedroom、draw、next、next to、window、door、computer、pink、flower、map、between、wall、for、minute、close、right、wrong、now、open、clock、floor、sofa。能运用句型"What's in/on…?" "There is a…/There are … in/on …."。"There be"句式的一般疑问句"Is/Are there a/any …?"及其回答"Yes, there is/are.""/No, there isn't/aren't."。 2. 能正确朗读元音及字母组合的发音，如 sh、a、e、a、ar、ay。 3. 通过学习活动，培养儿童要爱护自己的房间。	Module 1	1. 能正确认读单词和词组：with、in、him、her、kind、friendly、happy、look like + 名词、look + 形容词。能运用句型"What is sb. like?"及回答（外貌、性格）。 2. 能正确朗读字母及组合 c、ck、ai、ay、as（s）、au、aw、air 的发音。 3. 乐于与他人交流，从外貌、衣着、性格、职业、特长等多方面描述人的特征。 4. 通过学习活动，让儿童学会欣赏他人，同时更热爱自己。
	Module 2	1. 能正确认读单词：welcome、house、come in、living room、love、Here it is! study、large、clean、kitchen、beautiful、toilet、garden、flat、building、after、after school、live、bathroom、take a shower、meal、have meals、watch、read、do one's homework、grow、one。能运用句型"Welcome to ….""Please come in.""This is my …""Where's your bedroom? Here it is!"。	Module 2	1. 能正确认读单词：time、hour、quarter、half、past。能运用句型"What time is it?""It's …/It's time to/for …""When/What time do you usually…?""I … at/from …."。 2. 能正确朗读字母及字母组合 g、g（e）、ea、ey、er、ew、ear、ere 的发音。 3. 初步了解一般现在时的概念及用法。 4. 通过学习活动，让儿童懂得时间

续表

学段		上学期		下学期
		2. 能正确朗读元音及字母组合 ch、e、ee、ea 的发音。 3. 通过学习活动，培养儿童要爱护自己的房子。		的宝贵，养成良好的生活习惯。
	Module 3	1. 能正确认读单词：our、classroom、library、swimming pool、opposite、playground、sometimes、PE、music、lesson、have lessons、teachers' room、work、art、dining hall、gym、eat、or、tree、eleven、twelve、thirteen、fifteen、eighteen、twenty、thirty、forty、fifty、eighty。能运用句型"Let me show you …."和疑问句"Are they big or small? How many …"及其回答。 2. 能正确朗读元音及字母组合 l、l/ll、ie、i、ir、igh 的发音。 3. 通过学习活动，培养儿童对自己学校的热爱之情，也乐于与他人分享自己学校。	Module 3	1. 能正确认读单词和词组：Sunday、Monday、Tuesday、Wednesday、Thursday、Friday、Saturday、always、usually、often、sometimes、never、visit a friend、see a film、go shopping。能运用句型"What day is it today?""It's …/My favourite day is …""Why do you like …? I like/love doing …""What do you usually do on …?""We/I … on …"。 2. 能正确朗读字母及字母组合 tr，dr，nk，ind，wr 的发音。 3. 进一步了解一般现在时的用法。 4. 通过学习活动，能积极主动与他人谈论每周安排，培养良好的生活作息习惯。
	Module 4	1. 能正确认读单词和词组：class、star、does、each、group、blackboard、let me see、winner、Chinese、maths、best、subject、favourite、write、story、what about、and you、everything、learn、sing、song、sport、science、world Understand。 能运用句型"How many … do/does … have?""… have/has … " A："How many subjects do you have?"B："I/	Module 4	1. 能正确认读单词：free、feel、bored、do some reading、interesting、cartoon、shall、Shall we …? king、Monkey King、dance、fly、fish。能运用句型"What do you do when you have free time?"及回答"What are you doing? I'm doing …"初步理解表达建议："Shall we …?" 2. 能正确朗读字母及字母组合的发音。 3. 进一步了解现在进行时的概念与用法。

学段	上学期	下学期
	We have … What's your favourite subject? My favourite subject is …" 2. 能正确认读元音以及字母组合 c, oe, o, or, oa, ow, ou 的发音。 3. 通过学习活动,带领儿童体验各科学习的趣味性,培养儿童爱学习意识。	4. 通过学习活动,培养儿童爱生活,养成良好生活习惯。
Module 5	1. 能正确认读单词 clothes、t-shirt、blouse、much、very much、how much、hundred、yuan、too、expensive、will、won't = will not、take、cap、jacket、coat、shirt、dress、skirt、grey、sweater、help、shoe、pair、a pair of、I'll = I will、them、anything、else、all、sock、trousers、shorts、wear,以及正确朗读价钱。能运用句型"How much …?""It's/They're … yuan.""Can I help you?"。 2. 能正确朗读元音以及字母组合 wh, ue, u, ur 的发音。 3. 通过学习活动,培养儿童勤俭意识。	1. 能正确认读单词: football、tennis、skate、chess、skate、table tennis、jump、high、arm、volleyball、fast、water、bath、take a bath、clever、badminton。能运用句型"What are they doing?""They are …""What's your favourite sport?""What do you like doing?"。 2. 能正确朗读字母及字母组合的发音。 3. 进一步了解现在进行时的用法。 4. 通过学习活动,培养儿童爱体育、爱运动意识,强身健体。
Module 6	1. 能止确认读单词: painter、when、grow up、be good at、sick、nurse、cook、food、builder、build、doctor、policeman、reporter、news、job、factory、worker、like、his writer、tell、her、driver、drive、pupil、women、farmer、men、make、machine。能运用句型"What do you want to be when you grow up? I want to be …"。	1. 能正确认读单词: January、February、March、April、May、June、July、August、September、October、November、December、already、soon、lot、lots of、dress up、as、Mother's Day. 能运用句型"I was born in …""What do you like doing for …?""I/We like …""He/She likes …."。 2. 能正确朗读字母及字母组合发音。

学段	上学期		下学期	
		2. 能正确朗读辅音字母组合 j、g、th、th、ng、y 的发音。 3. 通过学习活动,让儿童加深对职业的认识,并从小立下职业志向。		3. 通过学习活动,让儿童体验中西方文化差异,感受世界的多元化。
五年级	Module 1	1. 能正确认读单词：hobby、model、collect、stamp、more、than、more than、country、keep、animal、every、during。能运用句型"What's your hobby""My hobby is … v. + ing …"。 2. 能积极与他人开展口语交际,询问对方的爱好。 3. 通过学习活动,培养儿童学会欣赏他人的优点,培养小组合作意识。	Module 1	1. 能正确认读单词：colourful、prefer、winter、either、autumn。能运用句型"… is the best time for doing …""I don't like … and I don't like … either.""What's your favourite season? Why?""I like/love/prefer…""My favourite season is …"。 2. 能积极与他人开展口语交际,谈论个人的天气偏好。 3. 通过学习活动,了解南北半球的天气差异,培养儿童热爱大自然、保护生态平衡、热爱生活的情感。
	Module 2	1. 能正确认读单词：jump、run、read、swim、sing、dance、talk、speak、thing、count。能运用句型"Can you …?""Of course I can.""What can you do? I can …/I'm good at …"。 2. 能积极与他人开展口语交际,询问对方或其他事物的能力。 3. 通过学习活动,鼓励儿童发现自己的闪光点,增强自信心,也学会欣赏他人。	Module 2	1. 能正确认读单词：the fifth of May, May the fifth。学句型："Is there anything else important this month?"。叙述日期："The school open day is on May 5th."。 2. 初步理解一般将来时的概念与用法。 3. 通过学习活动,培养儿童善于观察身边事物的能力,善于总结经验。
	Module 3	1. 能正确认读单词和词组：maybe find、look for、ice cream。 2. 初步理解频度副词和一般现在时第三人称单数形式的用法。 3. 字母组合 sp, st, sk, str 的正	Module 3	1. 能正确运用句型"Would you like to …"及回答"… plan to …""I'd like to invite you to …""What time should we go""Where should we meet? Let's meet …"。 2. 能积极与他人开展口语交际,邀请他人参加活动。

学段	上学期		下学期
	确发音。 4. 通过学习活动,让儿童了解他人的日常生活和习惯,并能从小培养良好的作息习惯。		3. 通过学习活动,培养儿童活动策划能力,友好对待朋友。
Module 4	1. 能正确认读单词:coffee、tea、drink、cup、milk、something、cold、hot、coke、sure、bottle、a bottle of、juice、glass、can。能运用句型"What do you want to drink for lunch?""I will have …/I want … Can I have …?"。 2. 能积极与他人开展口语交际,询问别人或表达自己想要的饮食。 3. 通过学习活动,了解东西方文化差异,接受差异并更懂得东西方礼仪。	Module 4	1. 能正确认读单词：by、train、leave、exciting、taxi、valley、island 能运用句型"Do you have any plans for …?""How/When/What will you …?"。 2. 巩固一般将来时的运用。 3. 能积极与他人开展口语交际,制定自己的旅行计划,或表述他人的旅行计划。 4. 通过学习活动,培养儿童热爱生活、热爱自然的意识。
Module 5	1. 能正确认读单词：smell、delicious、come on、first、sweet、salty、quite healthy、hungry、wait、fresh taste。能运用句型"What do you think of …?""I like …""I don't like …""I feel …"。 2. 能积极与他人开展口语交际,询问其他人的饮食爱好。 3. 通过学习活动,让儿童喜爱各种食物,从小养成不挑食的习惯。	Module 5	1. 能正确认读单词: 能运用句型"Don't …""if …""You can/can't/may/should/shouldn't …"。 2. 理解和运用祈使句,正确使用助动词 do, don't 和情态动词 should, must 等谈论事情。 3. 能积极与他人开展口语交际,谈论"安全"的话题。 4. 通过学习活动,培养儿童安全意识,珍爱生命。
Module 6	1. 能正确认读单词：weather、cloud、cloudy、rain、again、wet、England、sun、sunny、warm、dry、outdoor、windy、cool、wear、some day、snow、snowy、snowman。能运用句型"What is the weather like	Module 6	1. 能正确认读单词:direction、way、lose、Excuse me、hospital、straight、ahead、left、miss、bank、post office、train station、zoo、restaurant、police station。能运用句型"Can/Could you tell me the way to …, please?""Can you

续表

学段		上学期		下学期
六年级		today?""It's …""I hope …"。 2. 能积极与他人开展口语交际，询问其他人天气情况以及讨论不同城市的天气。 3. 通过学习活动，培养儿童善于观察生活，懂得合作学习的重要性。		tell me how to go to …, please?""Is it on the left or on the right?"。 2. 能积极与他人开展口语交际，询问路线。 3. 通过学习活动，培养儿童认路意识，联系生活实际，善于观察。
	Module 1	1. 能正确认读单词：country、cow、field、pick、grass、feed、give、sheep、other、few、goat、goose、river、a few。能运用句型"You can … if you …""We have more than …"。 2. 能积极与他人开展口语交际，谈论农村生活的优点。 3. 通过学习活动，提高儿童的学习兴趣和参与课堂活动的积极性，养成良好的学习习惯。 4. 培养儿童爱劳动的习惯，热爱生活。	Module 1	1. 能正确认读单词：steady、win（won）、carry、such、in such a hurry、silly、hare、into、mean（meant）、tortoise、proud、careless、patient、remember、sad、harder、another、ground、die、pick up、easy、himself、from then on、stop、all day long、appear、go for it、happen。能运用句型"… didn't want.""You are like …""What do you mean?""Don't …."。 2. 能积极与他人开展口语交际，讲述寓言故事。 3. 通过寓言的学习和表演，促进儿童学习的积极性，使儿童体验到用英语表达情感的乐趣，增强学习自信心。
	Module 2	1. 能正确认读单词：city、student、quiet、cheap、modern、noisy、wide、crowded、hotel、comfortable、heavy、slow、postcard、dirty、afraid、because、sell、countryside、theatre、be afraid、all day。能运用句型"Where is/are from …?""What's … like?""It's very different to …""… be afraid to do""There is much more to do, than …""… can't wait to…"。	Module 2	1. 能正确认读单词：difficult、frog、kangaroo、turn、ocean、starfish、Africa、tiger、Asia、be called、lion、panda、bamboo、elephant、giraffe、neck、leaf、save、only、earth、danger、in danger、disappear、forest、pollute、made、make from、fur、sea。能运用句型"live in …""Don't do something.""No place to live in.""Be made from …""Please do …"。 2. 能积极与他人开展口语交际，谈论野外动物的话题。

续表

学段	上学期		下学期
	2. 能积极与他人开展口语交际，谈论城市生活。 3. 通过学习活动，了解自己生活的城市，培养儿童爱国、爱家的精神。		3. 通过学习活动，培养儿童善于观察、热爱大自然的意识。
Module 3	1. 能正确认读单词和词组：health、matter、ill、stomachache、ate、hear、gave、take、medicine、time、toothache、brush、twice、broken、finger、rest、wore、headache、could、fever、secret、simple、least、diet、less、oily、finally、smile、even、check-up、have a cold、at least。能运用句型"What's the matter with you？"及其回答"I am sorry to hear that."" You should/shouldn't …."。 2. 能积极与他人开展口语交际，谈论有关健康的话题。 3. 通过学习活动，养成讲究卫生、爱运动和健康生活的习惯。	Module 3	1. 能正确认读单词：famous、Dr＝doctor、person、history、leader、free、inventor、invent、bulb、light bulb、actor、movie、musician、probably、come true、company、game-maker、once、once again、return、biggest。能运用句型"What a …(he/she is)！"。 2. 能积极与他人开展口语交际，谈论伟人或名人的事迹。 3. 通过学习活动，了解革命先烈、伟人们给我们创造了如此和平的生活环境，要懂得珍惜社会和谐和文明。
Module 4	1. 能正确认读单词：yesterday、bought、angry、came、no/not at all、poor、last、year、met、saw、read、diary、a little、later、felt、sat、until、better、surprised。 能运用句型"What did you do？""Where did you go yesterday？"及其回答。 2. 初步理解和掌握一般过去时的概念与用法。	Module 4	1. 能正确认读单词：manner、seat、impolite、in need、as、line、in line、push、push in、full、dish、laugh、laugh at、help yourself to …、throw、magic、word、long ago、sign、none、bottom、inside、dark、except、except for、carry on with、light、light up、brightly、lead、led、brought、ever。能运用句型"It's the polite thing to do."。

学段	上学期		下学期
	3. 能积极与他人开展口语交际，谈论过去开展的活动。 4. 通过学习活动，教育儿童热爱生活，积极参加各类有益的社会活动。		2. 能正确运用祈使句及情态动词 should 指出和规劝不礼貌的行为。 3. 能积极与他人开展口语交际，谈论礼貌行为以及对不礼貌行为进行规劝。 4. 通过学习活动，认识礼貌行为与不礼貌行为，从小就要做个有礼貌的人。
	Module 5	1. 能正确认读单词：back then、fat、cry、polite、ago、village、nearby、far away、office、store。能运用句型"Before，…，but now …"。 2. 能正确运用一般现在时和一般过去时谈论过去与现在的事物。 3. 能积极与他人开展口语交际，谈论事物过去与现在的变化。 4. 通过学习活动，培养儿童善于观察变化、热爱生活。	Module 5	1. 能正确认读单词：abroad、South Africa、nature、choose、Sydney、Sydney Opera House、harbor、bridge、Japan、Tokyo、France、Paris、capital、Washington D. C.、White House、tower、London、Big Ben、New Zealand、Wellington、kiwi、Canada、Ottawa、maple、flag、natural、beauty、waterfall、Chinatown、Toronto、passport、book、ticket、airport、land。能运用句型"I'd like to …""It's a great place to…""I can't wait to …""Thanks so much for -ing …""I'm very excited to …"。 2. 能积极与他人开展口语交际，谈论各国首都城市的特点。 3. 通过学习活动，让儿童了解更多外国首都城市著名建筑物等文化特征，激发儿童了解世界的热忱。 4. 培养儿童学习英语的兴趣，培养儿童爱国主义精神。
	Module 6	1. 能正确认读单词：each other、gift、lucky、lucky money、wish、moon、mooncake、race、celebrate、remember、ancient、poet、bean、bamboo、cheer。		

续表

学段		上学期	下学期
		能运用句型 "What's your favourite festival?" "What do people do during …?" "When is Spring Festival?" "It sounds great." "We will …"。 2. 能积极与他人开展口语交际,谈论中国传统节日的话题。 3. 通过学习活动,了解并接受中西方节日文化的差异,更热爱祖国,热爱生活。	

第三节 蔚为大观的英语殿堂

为了实现上述课程目标,我们依据《义务教育英语课程标准(2011 年版)》提出的语言技能、语言知识、情感态度、学习策略和文化意识五大学习领域,结合我校英语科组的实际情况,"多彩英语"课程结构在构建儿童终身学习能力发展的基础上,以建设蔚为大观的英语殿堂为目标,加入了适合个性化发展需求的拓展课程,开发和培育儿童的学习潜能,提高儿童全面的英语素养。

一、学科课程结构

《义务教育英语课程标准(2011 年版)》中指出,通过英语学习使儿童形成初步的综合语言运用能力,促进心智发展,提高综合人文素养。综合语言运用能力的形成建立在语言技能、语言知识、情感态度、学习策略和文化意识等方面整体发展的基础之上,通过"听、说、读、写"四个方面实现,为此,"多彩英语"将分为"多彩视

听""多彩对话""多彩阅读""多彩写作""多彩文化"五部分课程内容,具体如下(见图3－1):

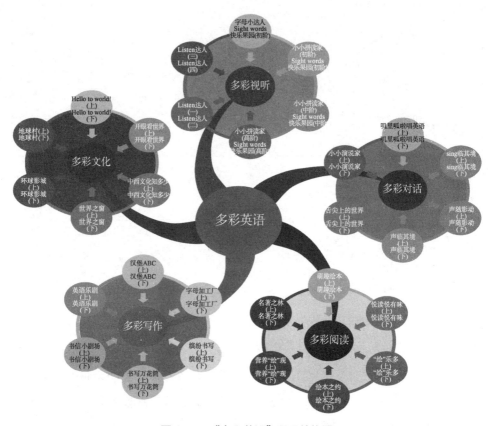

图3－1 "多彩英语"课程结构图

"多彩视听"是通过丰富的视听媒介,创设英语语言交际的环境,让儿童在活动中认记字母、单词、句子,提高儿童主动学习的兴趣,培养儿童语言运用能力。

"多彩对话"是通过在课程中设置的活动课,创造多样化的课堂,为儿童创造表达机会,营造表达情景,在表达中提升自己的口语交际能力。

"多彩阅读"是通过英语绘本的阅读,感受阅读的乐趣,培养儿童阅读的兴趣,让儿童养成阅读的良好习惯,并尝试了解背后的文化。

"多彩写作"是让儿童学会搜集生活中的写作素材、绘画素材，创作简单的英语绘本、英语剧本，提高儿童的写作能力、表演能力。

"多彩文化"是给儿童创造机会走出课堂、走进生活，了解中西方文化意识的差异，开拓儿童的视野。

二、学科课程设置

结合英语学科特征，依据各年级儿童认知水平，我校"多彩英语"课程设置如下（见表3-2）：

表3-2　"多彩英语"学科拓展课程设置表

年级 \ 课程		多彩视听	多彩对话	多彩阅读	多彩写作	多彩文化
一年级	上学期	字母小达人	叽里呱啦唱英语（上）	萌趣绘本（上）	汉堡ABC（上）	Hello to world!（上）
	下学期	Sight words 快乐果园（初阶）	叽里呱啦唱英语（下）	萌趣绘本（下）	汉堡ABC（下）	Hello to world!（下）
二年级	上学期	小小拼读家（初阶）	sing临其境（上）	悦读悦有味（上）	字母加工厂（上）	开眼看世界（上）
	下学期	Sight words 快乐果园（初阶）	sing临其境（下）	悦读悦有味（下）	字母加工厂（下）	开眼看世界（下）
三年级	上学期	小小拼读家（中阶）	声随影动（上）	"绘"乐多（上）	缤纷书写（上）	中西文化知多少（上）
	下学期	Sight words 快乐果园（中阶）	声随影动（下）	"绘"乐多（下）	缤纷书写（下）	中西文化知多少（下）
四年级	上学期	小小拼读家（高阶）	声临其境（上）	绘本之约（上）	书写万花筒（上）	世界之窗（上）
	下学期	Sight words 快乐果园（高阶）	声临其境（下）	绘本之约（下）	书写万花筒（下）	世界之窗（下）

年级 \ 课程		多彩视听	多彩对话	多彩阅读	多彩写作	多彩文化
五年级	上学期	Listen 达人（一）	舌尖上的世界（上）	营养"绘"现（上）	书信小剧场（上）	环球影城（上）
	下学期	Listen 达人（二）	舌尖上的世界（下）	营养"绘"现（下）	书信小剧场（下）	环球影城（下）
六年级	上学期	Listen 达人（三）	小小演说家（上）	名著之林（上）	英语乐剧（上）	地球村（上）
	下学期	Listen 达人（四）	小小演说家（下）	名著之林（下）	英语乐剧（下）	地球村（下）

第四节　搭建自信交流的文化平台

《义务教育英语课程标准（2011 年版）》中提到：通过英语学习使儿童形成初步的综合语言运用能力，促进心智发展，提高综合人文素养。英语学科素养要求儿童应具备的、能够适应终身发展和社会发展需要的必备品格和关键能力。"多彩英语"从落实"多彩课堂"、丰富"多彩节日"、打造"多彩空间"、开设"多彩社团"这四方面入手，在精"彩"纷呈中引导儿童领悟英语之美，践行"让儿童浸润在缤纷多彩的语言乐园中"的理念，从多方面搭建能让儿童自信交流的文化平台。

一、落实"多彩课堂"，夯实英语学习基础

课堂是学校教育发生的主阵地，是课程实施的主要载体。教师要通过改进教学方法，在教学中通过趣味性和多样性的"多彩"教学活动，促使儿童提高学习的兴趣和积

极性，使英语课堂呈现有"气氛"、有"效果"的课堂，使儿童不但积极"动"起来，而且在"动"中有更多收获。

"多彩课堂"是以生为本的课堂，面向全体儿童，关注每一个儿童，注重成长，发展个性。通过"多彩课堂"，让每位儿童都能主动自觉地进入丰富多彩的英语天地，感受英语的魅力，享受英语的乐趣。

"多彩课堂"是多元开放的课堂。教师立足课堂、探索教学、关注学情。儿童在多元开放的环境中自由生长。师生教学相长，融合创新，能力得到不断提高，文化品格得以成长，身心健康得以成长，开拓能力得到提升，最终促成儿童的全面发展。

"多彩课堂"是与生活连接的课堂。"多彩英语"倡导英语教学从生活中开发教学资源，在课堂学习中创设生活情境，提供儿童运用英语知识的平台，课后让儿童在生活中运用并实践英语。

"多彩课堂"是追求学习品质的课堂。"多彩英语"追求高品质的学习成果，儿童在英语学习中，不但能积累丰富的英语语言知识，形成良好的英语学习习惯，掌握正确的英语学习方法，同时注重健康审美情趣的养成。

二、丰富"多彩英语节"，浸润英语文化内涵

每个学期，学校会举办"多彩英语节"，组织丰富多彩的英语活动，给儿童搭建感受英语、体验英语、表达英语的平台，让儿童在感受中学习、在体验中成长、在表达中提高，真正体会学习英语、运用英语的乐趣。

我校以"多彩英语，多彩生活"为理念，并结合儿童的实际情况，开展了"低年级小小拼读家""中高年级英语口语演讲比赛""英语书写大赛""Colourful Life 英语手抄报大赛"等活动。多种多样的活动不仅巩固了儿童的知识，而且拓展了儿童的思维，将理论知识转化成实践能力，促进了儿童的全面发展。具体活动的设立如下：

1. 低年级小小拼读家。参赛对象是一至三年级的儿童，以字母、字母组合、单词拼读为比赛内容，由英语科组教师统筹开展。

2. 中高年级英语口语演讲比赛。参赛对象是四至六年级的儿童，由各年级英语教师根据教学内容，选定演讲主题，儿童进行指定主题英语演讲比赛，先进行班级初赛，选出优秀选手参加决赛。

3. 英语书写比赛。参赛对象是一至六年级的儿童，英语教师根据教学内容，设定各年级书写内容。一、二年级为字母书写；三、四年级为单词、对话书写；五、六年级采用命题作文，选出书写规范的优秀作品。

4. Colourful Life 英语手抄报大赛。各年级教师结合教学内容、文化，确定相应主题，鼓励全校儿童参与，各班选出优秀作品进行展示，以此激发儿童学习英语热情。

三、 打造"多彩空间"，拓宽英语实践天地

英语是一门实践性很强的学科。由于日常生活和学习中缺乏英语学习语境，儿童接触英语的机会较少，如只局限在英语课堂上，儿童较难养成良好的英语学习习惯。为此，需要打造"多彩空间"，让儿童无时无刻浸润在英语学习环境中。"多彩空间"包括英语长廊、英语角、多彩教室、英语绘本馆四个空间。

一是"英语长廊"。设于儿童每天进校必经的长廊，通过拓印简单的英语日常用语、西方文化节日的介绍、英语绘本故事、英语指示牌等，借助对英语知识的宣传，营造英语学习氛围。

二是"英语角"。我们充分利用教学楼楼梯角，打造成儿童课余时间交流英语的好地方。小学英语注重同伴交流与小组合作学习，英语角的设置有利于为儿童营造"乐说乐学"的交流环境，进一步激发儿童学习英语的兴趣。

三是"多彩教室"。多彩教室指借助儿童的作品丰富课室文化，体现儿童英语学习成果，激发儿童学习热情。每学期由各班主任、英语科任老师进行相关指导，展示班级优秀英语作业及作品，共同打造多彩教室。

四是英语绘本馆。学校设有专门的英语绘本馆，内藏有适合各个年段儿童需求的英语绘本故事。绘本馆分为"绘本阅读区"与"自由展示区"两个区域。"绘本阅读区"

摆放有英语绘本故事以及英语报纸；"自由展示区"设有故事小舞台。儿童通过"小舞台"表演英语情景剧、英语绘本话剧，从中感受"演"的乐趣，培养自信力，体验英语阅读世界的美好。

四、开设"多彩社团"，体验英语多彩世界

"多彩社团"是"多彩英语"课程实施的重要保证。它不仅需要有"多彩课堂"落实的基础，还要求儿童有主动体验英语的热情。基于此，我校英语学科以创办"多彩社团"为途径，满足儿童个人发展需求，表现个性、展露风采，培养乐观积极的儿童。

开设"多彩社团"的目的，一是培养儿童学习英语的兴趣。通过各种社团活动，提高儿童的兴趣，让儿童真正体会英语与生活的紧密联系，变被动学习为主动学习。二是拓宽儿童的知识面。通过社团活动输入更多相关知识，让儿童更了解英语知识的多元化。三是增加实践的机会。"多彩社团"不仅只有理论学习，还需要实践活动，给予儿童表演的机会，使他们认识到英语学习的重要性。结合我校实际情况，将开展以下"多彩社团"：

一是"英"乐会。本社团通过英语儿歌、英语经典歌曲、英语流行歌曲鉴赏、表演等形式来改善儿童的语音语调，培养乐学英语、会学英语的习惯。

二是英语乐绘。本社团通过鼓励儿童阅读英语绘本、英语报刊，引导儿童学会改编、扩写英语绘本结局或创作属于自己的英语绘本，提升儿童创新能力，提高儿童自主阅读英语的兴趣。

三是英语乐剧。本社团通过绘本配音、课文剧表演、话剧表演的形式，为儿童搭建一个展示自我的舞台，全面提升儿童的英语知识水平和英语口语表达能力。

总之，英语是有丰富人文内涵的学科，要重视英语课程对儿童思维和情感所引起的熏陶作用，注意课程内容的价值取向，树立正确的价值观，尊重儿童在英语学习中生成性的体验。

第四章

魅力体育：以运动焕发儿童的生命活力

生命在于运动，强健其体魄，文明其精神，完善其人格。通过"魅力体育"，使儿童不仅学会赢得竞技胜利，更要懂得接受失败，学会完善并挑战自我。让儿童在体育魅力和精神的引领下，自由地奔跑、拼搏，追求更快、更高、更强的自我，焕发生命活力。

凤凰湖小学现有专任体育教师 3 人，教师队伍年轻。我校依据教育部《义务教育体育与健康课程标准（2011 年版）》，进一步推进体育学科课程建设。

第一节　体育是自然散发的美丽

一、学科性质观

《义务教育体育与健康课程标准（2011 年版）》指出：体育是一门以身体练习为主要手段，以增进中小学生健康为主要目的的必修课程，是学校课程体系的重要组成部分，是实施素质教育和培养德、智、体、美、劳全面发展人才不可缺少的重要途径。它是对原有的体育课程进行深化改革，突出健康目标的一门课程。基于这种认识，我校体育教研组认为，体育课程的核心价值是：运动能力、健康行为、体育品德。

依据《义务教育体育与健康课程标准（2011 年版）》要求，学生不仅要掌握基本的学科知识与技能，掌握基本的规则，还需要提升学生对运动项目的裁判水平，提升分析与解决问题的能力，提升运动欣赏的能力，改善身心健康状况，提高生存能力，养成良好的生活方式，形成高尚的价值追求。因此，体育教学应该赋予学生更加强健的体魄，提高学生的活动意识，学会在生活中运用体育、在生活中享受运动的乐趣，体会健康的魅力。

二、学科课程理念

依据《义务教育体育与健康课程标准（2011 年版）》精神，结合我校办学理念和体育学科实际情况，提出我校体育学科的核心概念为"魅力体育"。"魅力体育"以"润物细无声"的方式强健学生的体魄,使学生焕发光彩,成为有独特魅力的人。"魅力体育"坚持以"健康第一"为指导思想,为促进学生的身心健康发展为宗旨。在增强学生体质的基础上,"魅力体育"可以让学生掌握一、二项体育技能,培养学生参与体育锻炼的兴趣,强化他们终身体育的行为意识。体育不仅仅是锻炼身体,更重要的是培养学生坚强、勇敢的意志品质。最终以体育特有的娱乐功能强健儿童的体魄,焕发学生散发姿体的自然魅力,满足学生积极参与体育活动的需求。

体育学科有其自身的特征,它是娱乐性、人文性的统一。体育教学应该走出学科教学的桎梏,站在"育人"的角度来展开教学,赋予学生更加长远的眼光和高尚的情怀。

基于此,我们的课程建设原则为:让学生在怡情悦性的体育世界里发展多样的体能,滋养美好的情感,感悟深刻的道理。对学生进行潜移默化的人文素质教育,让学生在开放、有个性而有底蕴的体育课堂中,提升体育素养,培养体育品格。

所谓"魅力体育",即"润物无声,以魅力强健体魄,以魅力焕发活力"的课程。"魅力体育"即健康的体育课程,学生参加体育活动,对学生生长发育、身体机能的发展有益。"魅力体育"即愉悦的体育课程,学生参加体育活动,对学生的心态、情绪以及交往能力的发展有益。"魅力体育"即品质的体育课程,学生参加体育活动,对学生的情感、气质以及意志品质的发展有益。

总之,"魅力体育"凝聚着对魅力人生的无尽追求,承载着对体育精神的思索,折射出平淡生活中生命的意义。

第二节　技能与品质相辅相成

体育课程致力于增强学生的身体素质,为学好其他课程打下基础;为学生形成正确的世界观、人生观、价值观,形成良好的性格和健全的人格打下基础;为学生的全面发展和终身发展打下基础。体育课程致力于锻炼学生运动技能,增强学生身体素质。

同时,培养学生独特自信的气质、积极向上的情感、勇敢顽强的意志品质。最终达到身心合一,技能与品质相辅成长,为学生的全面发展和终身发展打下良好基础。

一、 学科课程总体目标

《义务教育体育与健康课程标准(2011 年版)》指出:体育与健康课程对于实施素质教育,培养学生的爱国主义、集体主义精神,促进学生德、智、体、美、劳全面发展具有重要的意义。通过课程的学习,学生将掌握体育与健康的基础知识、基本技能与方法,增强体能;学会学习和锻炼,发展体育与健康实践和创新能力;体验运动的乐趣和成功,养成体育锻炼的习惯;发展良好的心理品质、合作与交往能力;提高自觉维护健康的意识,基本形成健康的生活方式和积极进取、乐观开朗的人生态度。课程分为运动参与、运动技能、身体健康、心理健康与社会适应四个方面。

在体育学习过程中,运动能力是体能、技战术能力和心理能力等在身体活动中的综合表现,是人类身体活动的基础。学生能够运用所学的运动知识、技能和方法,参加或组织比赛活动,提高体能与运动水平,掌握和运用选学运动项目的裁判知识和规则,具有分析问题和解决问题的能力。能够独立制订和实施体能锻炼计划,并对练习效果作出合理评价。了解国内外的重大体育赛事和重大体育事件,具有一定的体育欣赏能力。

健康行为是提高身心健康和积极适应外部环境能力的综合表现,是改善健康状况并逐渐形成良好生活方式的关键。学生能够积极主动参与校内外的体育锻炼,掌握科学的锻炼方法,逐步形成锻炼习惯;掌握健康技能,学会健康管理,促进交往合作,逐步提高适应自然环境的能力;关注健康,珍爱生命,热爱生活,养成良好的生活方式,改善身心健康状况,提高生存能力。

体育品德是指在体育运动中,应当遵循的行为规范以及形成的价值追求和精神风貌,对维护社会规范,促进社会风尚具有积极作用。学生在体育学习中自尊自强,主动克服内外困难,具有勇敢顽强、积极进取、挑战自我、追求卓越的精神;能够正确对待比赛的胜负结果,胜任运动角色,表现出负责任的态度;遵守规则,尊重他人,具有公平竞争的意识和行为。

二、 学科课程年级目标

根据上述课程总目标,再结合我校体育特色课程建设需求,特分成以下六学年来学习。学校课程年级目标如下(见表4-1):

表4-1 凤凰湖小学体育学科各项目课程各年级目标表

课程目标 / 学期	魅力篮球	魅力啦啦	魅力大课间	魅力田径
一年级上学期	1. 了解篮球项目的起源。 2. 认识篮球明星。 3. 培养学生对篮球的兴趣。	1. 了解啦啦操项目的起源。 2. 激发学生对啦啦操的兴趣。 3. 锻炼学生的柔韧性。	1. 学会基本站姿、形态及三面转法。 2. 形成集体荣誉感。	1. 初步了解田径的发展史,以及田径明星。 2. 了解田径运动对身体发展的作用。 3. 培养学生对田径运动的兴趣。
一年级下学期	1. 初步感受篮球的乐趣。 2. 基本掌握篮球尺寸及场地界线。 3. 发展学生的灵敏性。	1. 听音乐知动作节奏。 2. 激发学生对啦啦操的兴趣。 3. 锻炼学生的柔韧性、律动性。	1. 掌握三面转法,学会踏步。 2. 形成班级风貌。	1. 了解田径包括哪些运动项目。 2. 锻炼学生的身体和心理素质。 3. 提高学生积极参与田径运动的乐趣。
二年级上学期	1. 掌握篮球运球动作技能。 2. 基本掌握篮球活动、比赛的常识。 3. 培养学生认真学习、刻苦锻炼的良好作风。	1. 基本掌握32个啦啦操手位。 2. 培养终身运动的意识与良好的锻炼习惯。 3. 锻炼学生的柔韧性、灵敏性。	1. 掌握花球啦啦操、篮球操动作技能。 2. 培养学生身体协调能力。	1. 获得基本身体活动的基础知识和方法。 2. 锻炼学生身体,体验活动乐趣。 3. 了解比赛游戏的规则,培养安全参与意识。

课程目标 \ 学期	魅力篮球	魅力啦啦	魅力大课间	魅力田径
二年级下学期	1. 进一步熟悉球性。 2. 发展学生的体能。 3. 培养学生勇敢顽强、团队协作等品质。	1. 基本能完成32个啦啦操手位的速度变换。 2. 培养学生终身运动的意识与良好的锻炼习惯。 3. 锻炼学生的柔韧性、灵敏性。	1. 掌握体能操、广播体操动作技能。 2. 提高学生力量素质。	1. 基本掌握走、跳、跑等的动作姿势。 2. 锻炼学生的速度、柔韧性、协调性和灵敏性等身体素质。 3. 培养学生安全从事活动的意识。
三年级上学期	1. 激发学生参加篮球锻炼兴趣。 2. 提高篮球传球活动能力。 3. 培养学生勇于竞争、友好合作的优良品质。	1. 基本掌握7个啦啦操腿部动作。 2. 培养学生终身运动的意识与良好的锻炼习惯。 3. 锻炼学生的柔韧性、灵敏性。	1. 掌握花球啦啦操、篮球操动作技能。 2. 感受活动的乐趣。 3. 锻炼学生身体各方面能力。	1. 能够说出所学投掷项目的名称和方法。 2. 基本掌握投掷垒球的动作技术。 3. 锻炼学生力量、灵敏性、协调性等身体素质。 4. 培养学生的安全意识和习惯，在锻炼中表现出自信、果断、顽强拼搏的优良品质。
三年级下学期	1. 能够说出小篮球的动作名称和术语。 2. 掌握小篮球定点投篮的动作方法。 3. 能够在练习、游戏中与同伴友好相处的优秀品质。	1. 熟练完成不同动作构成的简单组合动作。 2. 培养学生勇于挑战的精神。 3. 锻炼学生的柔韧性、灵敏性。	1. 掌握体能操、广播体操动作技能。 2. 形成身体基本姿态。	1. 能够说出所学跳跃项目的名称和含义。 2. 掌握立定跳远的动作要领。 3. 锻炼学生灵敏性、速度、协调性和力量等身体素质。 4. 培养学生能够积极参与各项跳跃的学习活动，体验跳跃的乐趣。

续表

学期＼课程目标	魅力篮球	魅力啦啦	魅力大课间	魅力田径
四年级上学期	1. 掌握行进间运球上篮技术动作。 2. 初步运用行进间上篮技术动作。 3. 锻炼学生速度、协调等身体素质。	1. 熟练完成不同动作的不同走位。 2. 培养学生协作共荣的精神。 3. 锻炼学生的柔韧性、灵敏性。	1. 学习球类运动技能。 2. 培养学生参加体育运动的积极性。	1. 能够说出所学弯道项目的名称和方法。 2. 基本掌握弯道跑的动作技术。 3. 锻炼学生爆发力、速度、协调性等身体素质。 4. 培养学生的安全意识和习惯。
四年级下学期	1. 能对篮球活动的学习表现出较高的学习愿望。 2. 熟练掌握小篮球攻防移动步伐。 3. 能够在练习、游戏中与不同运动能力的同学共同参与。	1. 基本掌握啦啦操一级技巧——地板动作。 2. 培养学生勇于挑战的精神。 3. 锻炼学生的柔韧性、灵敏性、心肺耐力。	1. 学习跳绳的技巧动作。 2. 提高学生参加体育运动的兴趣。	1. 学生初步掌握跳高的技术动作。 2. 锻炼学生的下肢力量，增强弹跳力。 3. 培养学生不怕苦、不怕累，永不言败的精神品质。
五年级上学期	1. 初步掌握和巩固篮球的基本技术。 2. 清楚在篮球比赛中攻防转换的时机和掌握相关技术动作。 3. 培养学生勇于克服困难的意志品质。	1. 基本掌握啦啦操二级技巧——跳跃动作。 2. 培养学生勇于挑战的精神。 3. 锻炼学生的柔韧性、灵敏性、心肺耐力。	1. 巩固学生球类运动技能。 2. 增强学生团队合作意识。	1. 基本掌握简单的锻炼方法，提高跳高跳远的高度和远度。 2. 锻炼学生灵敏性、速度等身体素质。 3. 培养学生分析和解决问题能力。
五年级下学期	1. 体验小篮球比赛的乐趣。 2. 积极主动参加小篮球练习、游戏和比赛。 3. 培养学生遵守规则、服从裁判的优良品质。	1. 基本掌握啦啦操三级技巧——推举动作。 2. 培养学生勇于挑战的精神。 3. 锻炼学生的柔韧性、灵敏性、心肺耐力。	1. 巩固学生跳绳的技巧动作。 2. 培养学生对体育运动的理解。	1. 学生初步了解校园定向跑的内容和方法。 2. 锻炼学生的速度、耐力等身体素质。 3. 培养学生勇于挑战自我、顽强拼搏的意志品质。

续表

学期 \ 课程目标	魅力篮球	魅力啦啦	魅力大课间	魅力田径
六年级上学期	1. 了解小篮球防守人盯人技战术。 2. 能够在比赛中运用防守人盯人战术。 3. 培养学生机敏、顽强、勇敢等心理品质。	1. 熟练完成不同技巧动作构成的简单组合动作。 2. 培养学生勇于挑战的精神。 3. 发展学生的柔韧性、灵敏性、心肺耐力。	1. 掌握齐步走的动作要领。 2. 培养学生集体荣誉精神。	1. 能够说出所学内容的一些动作方法和锻炼的意识。 2. 锻炼学生的耐力、速度等身体素质。 3. 培养学生不怕困难，勇于挑战自我，永不言败的意志品质。
六年级下学期	1. 掌握和巩固小篮球的基础技术动作。 2. 在篮球比赛中综合运用所学的技战术。 3. 培养学生尊重竞争对手、勇于承担责任的良好体育道德精神。	1. 运用已学的技术动作，基本掌握创新编排啦啦操组合动作。 2. 培养学生积极创新的精神。 3. 锻炼学生的柔韧性、灵敏性、心肺耐力。	1. 通过大课间的完整练习，促进学生身心健康发展。 2. 提高学生健康意识和社会适应能力。	1. 能够掌握所学体育项目的基本动作方法和锻炼价值。 2. 熟练掌握一两项技能，促进学生的身体和心理的健康发展。 3. 培养学生对终身体育运动的热爱。

第三节　自然绽放体育之花

为了实现上述课程目标，我校体育学科设置了魅力篮球、魅力啦啦操、魅力大课间、魅力田径等课程。

一、学科课程结构

依据《义务教育体育与健康课程标准（2011 年版）》的相关要求，结合我校课程理念以及体育学科课程理念，我们的学校体育课程在"魅力篮球、魅力啦啦操、魅力大课间、魅力田径"四个方向进行课程构建，从而形成体育学科"魅力体育"课程群，具体如下（见图4-1）：

图4-1 "魅力体育"课程结构图

（一）魅力篮球

魅力篮球课程简单易行，趣味性很强，可以因人、因地、因时、因需而异。通过变换各种活动方式吸引学生的参与，以达到活跃身心、强健身体的目的。篮球运动既可以强身健体，也可以让个性、自信心、审美情趣、意志力、进取心、自我约束等方面都有积极的发展，也有利于培养团结合作、尊重对手、公平竞争的道德品质。

（二）魅力啦啦操

魅力啦啦操是一项集合健身性和观赏性的运动，能为学生创造更多走上舞台、走上赛场的机会。在发展学生特长的同时，增强学生的自信心与表现力，培养终身体育的意识。啦啦操课程还给学生一个学以致用的平台，能让学生结合已学知识进行创意编排，并展示出来，使学生获得成功的经验。

（三）魅力大课间

魅力大课间课程是在不同的体育运动项目的基础上创造不同的学习方式，培养学生学习的兴趣，掌握运动方法，提高学生的运动技能，增加运动的体验，提高学生保健技能与适应自然的能力。

（四）魅力田径

魅力田径课程是通过体育课的活动和游戏使学生掌握走、跑、跳、投、爬、滚等多种动作技能，掌握基本的安全运动知识，增强安全意识和防范能力。

二、学科课程设置

"魅力体育"课程是基于"健康第一，立德树人"的教育理念，结合运动项目的知识与技能，针对在校学生实际情况量身打造的课程。所有课程依据各年级学生学情，由易到难、由浅入深、由单一到综合、循序渐进，贯穿六个年级，根据不同年级的学生知识储备量和学生需求编制不同的内容，由各年级的任课老师组织实施。具体课程设置如下（见表4-2）：

表4-2 "魅力体育"课程设置表

学期＼课程模块	魅力篮球	魅力啦啦	魅力大课间	魅力田径
一年级上学期	篮球的起源	初识啦啦	进场我最棒	田径世界
一年级下学期	初识篮球	感受律动	进场我最齐	田径乐园

续表

学期＼课程模块	魅力篮球	魅力啦啦	魅力大课间	魅力田径
二年级上学期	运球小明星	多变手位	韵律热身操	你追我赶
二年级下学期	迎面接力	韵律手位	韵律跑操	竞赛规则
三年级上学期	花样传球	多样步伐	动感广播操	垒球比远
三年级下学期	定点投篮	迷你组合	花样跳绳	立定跳远
四年级上学期	行进间上篮	活力组合	多变绳梯	弯道超越
四年级下学期	移动步伐	一级技巧	跳跃敏捷栏	跳高小能手
五年级上学期	攻防转换	轻松跳托	侧向爬行	急行跳远
五年级下学期	三人篮球	霸气托举	组合变换	校园定向
六年级上学期	人盯人防守	技巧组合	闪电退场	迷你马拉松
六年级下学期	王者荣耀	欢乐自编	课间高标准	巅峰时刻

第四节　打造生机勃勃的健康校园

《义务教育体育与健康课程标准（2011年版）》指出：体育与健康课程对于实施素质教育，培养学生的爱国主义、集体主义精神，促进学生德、智、体、美、劳全面发展具有重要的意义。体育学科通过构建"魅力课堂"，打造"魅力社团"，举办"魅力体育赛事"，设置"魅力作业"，创设"魅力探究"活动等多种途径推进课程实施。依据学情，由浅入深，分年级、分学期实施，以丰富儿童的体育阅历。

一、构建"魅力课堂"，建设体育基础

引导学生学体育，除了技术的学习与训练，还要对其认知、情感和人格进行教育，

这也就对体育课堂提出了更高的要求。因此，为弘扬人文精神，并结合我校历史、文化以及体育学科实际情况，我们特提出"魅力课堂"的概念。

（一）"魅力课堂"的内涵与实施

"魅力"指的是人或物与众不同，有着很强的诱惑力与吸引力。"魅力课堂"是充满魅力的、实用的、健美的，来源于生活，又发展于生活的课堂。构建"魅力课堂"，让学生在活动中学、在生活中学，提高体育能力。而这些改变需要多方面的努力与实施，具体而言：体育教研组充分利用每周校内教研时间，进行分年级分组讨论，集体备课，创新课堂形式。体育教研组通过学习、研讨、分析、总结，不断创新课堂，力求把学生从沉重烦闷的课堂中解放出来，让学生热爱运动，爱上体育，提高学习的兴趣。

（二）"魅力课堂"的评价方式

根据"魅力课堂"的内涵特点，学校从教学目标、教学内容、教学过程、教学方法及课堂氛围方面，制订"魅力体育"评价标准，促进教师专业发展，引领课堂发展方向，具体如下（见表4-3）：

表4-3 "魅力课堂"评价量表

评价项目	评 价 内 容	得分
目标切实 （20分）	1. 学习目标基于学科素养和课程标准，适合校情学情，具体明确，操作性强，体现知识技能、思想方法的统一，突出活动性和实践性。 2. 在学习目标的基础上形成清晰的任务单。	
内容广阔 （20分）	1. 学习内容注重生活化，引导学生创造性地使用教具。 2. 通过整合相关学科知识，帮助学生对学习内容进行精深加工，会构建知识框架，会联系生活实际。	
过程灵活 （20分）	1. 突出学生的主体地位，引导学生大胆实践、积极交流，勇于展示个性化观点。 2. 通过变式拓展，鼓励不同层次的学生进行个性展示，发展求异思维，引导学生广泛参与课堂学习。	

评价项目	评 价 内 容	得分
方法多样 （20分）	1. 能根据学习内容，帮助学生选择恰当的学习方式，并体现学习方式的灵活性、多样化。 2. 从关注"教"走向关注"学"，注重学法和策略指导。能适时有效地介入课堂，精讲点拨，变式拓展。鼓励不同层次的学生进行个性展示，发展求异思维。	
课堂氛围 （20分）	1. 通过运动项目知识与技能的学习，掌握动作技术，提高身体素质，增强学生运动兴趣。 2. 通过情景化游戏的学习方式，将学生吸引在课堂当中，融入到技术学习当中，不断提升自己的技术水平，形成热爱运动的生活方式，热爱生命。	
综合评价		

二、举办"魅力赛事"，乐享体育之趣

《义务教育体育与健康课程标准(2011年版)》强调，学生在学习中起主导作用，因此在教学中提高学生的学习兴趣变得尤为重要。基于此，我们开展各种各样的体育活动，让学生参与其中，在乐中学，在乐中思。

（一）"魅力赛事"的活动设计

我校以"强健学生的体魄"为理念，并结合学生的实际情况，开展了多种体育赛事。多样的体育比赛不仅巩固了学生的知识与技能，而且把理论知识转化成实践能力，既提高了学生的身体素质，又促进了学生的全面发展。具体课程的设立与实施如下（见表4-4）：

表4-4 "魅力赛事"的活动设计

活动名称	活动内容	组 织 实 施
趣味运动会	趣味活动项目	全校学生与部分家长参赛，体育教师统筹安排

活动名称	活动内容	组织实施
田径运动会	田径项目	全校学生参与,体育教师统筹安排
班级课间操比赛	广播体操、花球啦啦操、体能操	班级预、决赛,全员参与,体育教师统筹安排
班级篮球赛	小篮球男女混合半场4VS4(一至四年级)、小篮球男/女全场(五、六年级)	班级预、决赛,全员参与,体育教师统筹安排
体质项目检测比赛	跳绳、仰卧起坐	全员预赛、部分学生个人决赛、教师个人决赛、6学生＋1教师决赛,体育教师统筹

(二)"魅力赛事"的评价方式

课程实施是实现预期教育结果的手段,必须有一套系统的评价方案与之相配合,这样才能使其发挥出最好的作用。"魅力赛事"的具体评价标准如下(见表4-5):

表4-5 "魅力赛事"评价表

评价项目	评价内容	得分
活动开展(25分)	1. 活动贴近生活,具有创新性。 2. 活动具有针对性,能切实提高学生的能力。	
内容丰富(25分)	1. 活动内容符合新课程标准的要求。 2. 知识与技能有一定的拓展。 3. 活动内容富有趣味性,能激发学生参与的热情。	
学生表现(25分)	1. 在活动中,学生充分发挥自己的主观能动性。 2. 能够根据活动的要求,学生得到情感上的丰富。	
活动效果(25分)	1. 整个活动开展流畅,各个环节衔接紧密。 2. 不仅学生通过活动得到能力的提升,老师也能从活动中有一定的收获。	
综合评价		

三、 打造"魅力社团"，展露体育风采

作为学校体育的外延,社团活动的开展发挥着重要的作用。我校体育学科试图以创办社团为突破口,满足学生个性发展需求,彰显个性、展露风采,培养有独特魅力的小学生。

(一)"魅力社团"的创建与实施

提升"魅力社团"品质是我们今后的发展方向。在现有的基础上,增加体育社团:健美操啦啦操社团、篮球社团、跆拳道社团、网球社团、田径社团、轮滑社团、围棋社团。这一系列的社团将围绕着体育要素创建,引进有资质的体育机构代为实施,充分发展学生的体育能力,让学生在活动中得到提高。

(二)"魅力社团"的评价方式

为保证社团有水平、出成绩,真正成为学校每个学生共同的社团,特制订相应的活动评价标准,具体如下(见表4-6):

表4-6　"魅力社团"活动评价表

评价项目	分值	评 价 标 准	教师评分
出勤情况	20分	实行签到制度,按时参加社团活动,不迟到不早退。	
活动过程	20分	目标明确,活动主题积极健康,内容丰富,形式生动,组织条理,过程有序开展,学生满意度高。	
	20分	社员参与热情,气氛热烈,能充分发展自我特长,团结协作,在互动中提升自己。	
活动效果	20分	能达成预期目标,形成自己的学习成果,积极参与社团成果展示交流。	
特色创新	20分	成果作品有特色、有创新、有亮点。	
总体评价			

四、 设置"魅力作业"，践行体育精神

体育课后作业活动的开展，作为学校体育课堂的延伸，不仅能强化学生在体育课堂学习过的技术动作，还能充分发挥学生的个性风采，在增强体质、形成锻炼习惯的同时，塑造学生健康人格。基于此，我校体育学科尝试给学生布置假期作业。

（一）"魅力作业"的创建与实施

提升"魅力作业"品质是我们今后的发展方向，根据现行的全国体质测试项目，再结合学校现行的校本需求项目与学生素质发展，设置期末作业项目为：啦啦操、体能、篮球、跳绳、仰卧起坐等。这一系列的项目将围绕着体育要素开展，充分发挥学生的体育能力。让学生的身体素质在期末检测中得到拓展和提高。

"魅力作业"的实施是需要师生和家长一起参与的，体育教师先安排练习任务，然后录制任务视频，学生先自行模仿视频练习，等基本掌握技术动作后再通过家长帮学生录制视频在手机 APP 上打卡来进行检查监督。通过家长的打卡情况进行检查，及时与家长进行反馈沟通。

（二）"魅力作业"的评价方式

为保证学生在家锻炼也能保质保量，特制订相应的活动评价标准，主要从锻炼出勤情况、锻炼达标情况、锻炼测试情况进行评价。具体评价标准如下（见表 4-7）：

表 4-7 "魅力作业"活动评价表

评价项目	分值	评 价 标 准	教师评分
出勤情况	20 分	实行 APP 签到制度，按要求时间参加活动，不缺次数。家长配合监督。	

续表

评价项目	分值	评 价 标 准	教师评分
达标情况	40分	能达成预期目标，形成自己的学习成果，积极参与班级群内展示交流。	
测试情况	40分	成果展示，按照要求在群内发考核视频，家长配合录制视频与计时，教师根据视频评分。	
总体评价			

五、 创设"魅力探究"，深入体育之谜

体育是实践性很强的科目，学生容易在日常练习中得到潜移默化的影响，进而掌握习得。设计魅力体育探究，可以更好地与其他学科的学习方法融合，实现综合性学习，使学生的主体地位得到复归，让学生在学习过程中主动求知、主动思考，进而提升自己的意志品质。

（一）"魅力探究"的创建与实施

体育运动项目的探究，不仅能让学生深入了解自己喜欢的项目的发展历程、比赛规则和战术，还能让学生深入了解该项运动的领军人物成功的意志品质，主动完善自身对项目的认知并提升自身的意志品质。

"魅力探究"的实施，让学生以小组为单位，3人成组，合作探究。针对各自小组喜欢的体育运动项目或者运动员进行探究讨论，全方位了解该项目领域的代表人物、优秀运动员以及运动员与项目之间的联系等。小组可以从多种渠道进行资料的收集与研究，鼓励学生在探究中积极参与头脑风暴，在了解相关人物的同时，懂得这项赛事的规则，并能理解二者之间的关系，特别是运动员在此领域所创造的成绩以及成绩背后的付出，从而激励学生学习体育精神，感受体育魅力。

（二）"魅力探究"的评价方式

让学生自行 3 人组团在网上或图书馆收集、汇总材料，并将整合后的材料讲述出来，明确表述出要提升的意志品质。具体评价标准如下（见表 4-8）：

表 4-8 "魅力体育探究"活动评价表

评价项目	分值	评 价 标 准	教师评分
内容评定	20 分	收集与立项有关的项目内容	
结果评定	40 分	有效进行资料汇总整理，并将结果清晰展示	
讲述者评定	40 分	内容真实，情感真切	
总体评价			

总之，体育是一个综合性极强的科目，要重视体育课程对学生德育的渗透和健康行为的融合，注重课程内容的思想引领，要继承和发扬中华传统美德，要凸显中国特色社会主义的共同理想，要树立正确的"三观"，同时要尊重学生在体育锻炼中的生成性体验。

第五章

谐美音乐： 以美好的旋律滋养儿童的心灵

　　"谐美音乐"是我们共同的教学追求。引导儿童走进音乐世界，陶冶儿童的心灵，塑造他们健全的人格，使他们的生活变得丰富多彩，是我校音乐课程的使命。我们致力于帮助儿童感受美，体会美，探寻美，让他们乘着音乐的翅膀到达美好的彼岸，滋养心灵，快乐成长。

凤凰湖小学现有专任音乐教师 3 人，教师队伍年轻。校音乐教研组认真开展教研活动和备课活动，校内先后开展各项活动，并积极参加校外各级各类活动，致力于提高学生的整体素质。我校现依据教育部《义务教育音乐课程标准(2011 年版)》文件精神，进一步推进音乐学科课程群建设。

第一节　音乐是一种生活方式

一、学科性质观

《义务教育音乐课程标准(2011 年版)》指出：音乐课程是九年义务教育阶段面向全体学生的一门必修课，音乐是文化的重要组成部分，是人类宝贵的精神文化遗产和智慧结晶。"以美育人"的教育思想与我国的教育、文化传统一脉相承，是培养德智体美全面发展的社会主义建设者和接班人的教育方针的有机组成部分。通过音乐教育培养和提高学生感受美、表现美、鉴赏美、创造美的能力，丰富和发展学生的形象思维，激发创新意识和提高创造能力，全面提升学生的素质。学生在亲身参与这些实践活动的过程中，获得对音乐的直接经验和丰富的情感体验，为掌握音乐相关知识和技能、领悟音乐内涵、提高音乐素养打下良好的基础。

基于这种认识，我们教研组认为，音乐课程的核心价值是：为儿童提供审美体验，陶冶情操，启迪智慧；开发创造性发展潜能，提高创造力；传承民族优秀文化，增进对世界音乐文化丰富性和多样性的认识和理解；促进人际交往、情感沟通及和谐社会的构建，以谐美的音乐滋养儿童的心灵。

因此，我们致力于打造音乐课程学习平台，树立"谐美音乐"的学习理念，全面提升学生的音乐素养。

二、 学科课程理念

依据《义务教育音乐课程标准（2011 年版）》的精神，让学生在音乐学习中感受音乐的和谐与美，我校提出音乐学科的核心概念"谐美音乐"。"谐美音乐"的核心理念是：让学生沉浸在绚烂多彩的音乐世界中，运用不同民族、不同国家、不同时代的音乐素材，丰富学生的情感世界。

（一）"谐美音乐"是儿童的音乐

"谐美音乐"围绕学生发展过程中的情绪、知觉、听觉、思维方式、记忆方式、学习方式以及天真、好动、喜乐的特点，针对性地开展音乐教育，使学生在课堂中发现音乐的乐趣并热爱学习音乐。

（二）"谐美音乐"是和谐的音乐

"谐美音乐"突出综合育人，体现在师生间情感联系的和谐，学生之间情感联系的和谐，也包括音乐与艺术之外的其他学科的和谐。

（三）"谐美音乐"是美的音乐

"谐美音乐"是运用音乐自身的美，在教学中帮助学生发现音乐美、体验音乐美。通过听觉与视觉、欣赏与活动、语言描绘与想象、知识技能与表现发挥相结合，感受音乐的形态美、动作美、内涵美、创造美。

（四）"谐美音乐"是传承的音乐

"谐美音乐"是以音乐课程理念为指导，民族民间音乐、民族文化为载体，加强民族音乐教学。学生通过认识民族音乐文化的丰富性和多样性，拓宽审美视野，了解并热爱祖国的音乐文化，培养爱国主义情怀。

第二节　能力与心灵相助成长

音乐课程致力于培养学生感受美、表现美、欣赏美、创造美的能力。通过倡导新课程改革的理念，以音乐审美为核心，重视学生的主体地位和学习过程。以兴趣爱好为动力，引导学生主动参与音乐学习和音乐实践。结合音乐课程标准以及音乐学科提出"以谐美的音乐滋养儿童的心灵"的课程核心理念，设计音乐学科课程目标。

一、学科课程总体目标

《义务教育音乐课程标准(2011年版)》指出：通过音乐课程学习和参与丰富多样的艺术实践活动，探究、发现、领略音乐的艺术魅力，培养学生对音乐的持久兴趣，涵养美感，和谐身心，陶冶情操，健全人格。学习并掌握音乐基础知识和基本技能，拓展文化视野，发展音乐听觉与欣赏能力、表现能力和创造能力，形成音乐素养。丰富情感体验，培养良好的审美情趣和积极乐观的生活态度，促进身心的健康发展。根据上述课程目标列出以下三维目标。

在情感态度与价值观方面，强调以音乐审美为核心，丰富情感体验，培养对生活的积极乐观态度；培养音乐兴趣，树立终身学习的愿望；提高音乐审美能力，陶冶高尚情操；尊重艺术，理解世界文化的多样性。

在过程与方法方面，强调音乐实践，鼓励音乐创造。通过聆听音乐作品，体验与理解音乐的感性特征与精神内涵；通过亲身参与演唱、演奏、编创等艺术实践活动，积累感性经验，为音乐表现和创造能力的进一步发展奠定基础；在探究与合作中不断增强集体意识和协调能力；通过音乐实践，学习学科知识，理解音乐的意义及其艺术价值。

在知识与技能方面，突出音乐特点，关注学科综合。通过学习并掌握音乐基本要素、常见结构、体裁形式、风格流派和演唱、识谱、缩创等基础知识；能够自信、自然、有表情地演唱歌曲和演奏课堂乐器；了解音乐与艺术之外其他学科的联系，扩展音乐文化视野；根据自己的生活经验和已学过的知识，认识音乐的社会功能，理解音乐与社会生活的关系。

二、 学科课程年级目标

根据《义务教育音乐课程标准（2011年版）》的要求，结合我校音乐学科课程目标和一至六年级的学情，我们设置了音乐课程年级目标（见表5-1）：

表5-1 "谐美音乐"课程年级目标表

学段		上学期	下学期
一年级	第一课	1. 建立小学生音乐课堂学习常规。 2. 学唱《我今天上学喽》，用愉悦、兴奋的情绪表现出来。 3. 体验并感知"X"和"XX"两种节奏时值的长短。	1. 边表演边歌唱广东童谣《落雨大》。 2. 学唱歌曲《海娃变油娃》，了解南海（南中国海）有着丰富的资源，是我国固有领土的一部分。
	第二课	1. 能听出音的长短不同，并能用肢体做出不同的动作。 2. 学会区分三角铁和木鱼的音色和敲击方法。 3. 能跟随音乐用合适的律动参与表演音乐剧。	1. 复习巩固"mi、sol、la"3个音的手号，学会"do"的手号，并能自己打着手号唱出相应的音高。 2. 能打手号模唱歌曲《小铃铛》《瑶家儿童爱唱歌》。 3. 在《do、mi、sol是好朋友》的活动中，能以"do、mi、sol"3个音用打手号做二声部练习。
	第三课	1. 懂得国旗的意义，培养爱国旗、爱祖国的感情。 2. 充满感情地演唱歌曲《国旗国旗真美丽》。 3. 通过不同的动作表现音乐的语句。	1. 复习和巩固"do、mi、sol"3个音的手号与相对音高概念。 2. 背唱歌曲《十个小印第安人》。 3. 用指定伴奏型为歌曲做简易伴奏，并随音乐做唱游活动。

学段	上学期	下学期
第四课	1. 巩固和复习"X"和"XX"节奏,学习"X—"这个新节奏,并用手拍或口读出来。 2. 初步感知音乐中的速度和力度的变化,通过律动的形式表现出来。 3. 用自豪的歌声表现歌曲。	1. 巩固和复习"X、XX、X—"节奏。 2. 唱会歌曲《向前走》。 3. 学习音乐知识:乐句,用律动的方法表现这首歌曲中的重复与对比。
第五课	1. 学唱歌曲《雁群飞》,感受歌曲旋律的美感与歌词中兄弟姐妹之亲情。 2. 感知歌曲在速度、力度、情绪方面的不同。	1. 认识音乐中的"渐强、渐弱"记号,了解其在音乐中的意义。 2. 演唱歌曲《火车跑得快》中的渐强和渐弱的部分。
第六课	1. 模仿小鸡、小狗、小猫的叫声,学唱歌曲《在农场里》,体验、复习和巩固"X""XX"与"X—"3 种节奏时值的长短关系。 2. 能拍读出"X""XX"与"X—"。 3. 尝试根据自己熟悉的动物叫声为歌曲编词演唱。	1. 表演歌曲《拍手谣》。 2. 学唱歌曲《唐老伯有个小农场》,为歌曲分句。 3. 用"X、XX、X—"3 种节奏,创编节奏型。然后,用打击乐器为歌曲伴奏。 4. 为歌曲《唐老伯有个小农场》编词演唱。
第七课	1. 体验音阶的上行与下行。 2. 区别音乐中渐强、渐弱力度记号与没有力度记号的不同。 3. 尝试用不同的音色表现老青蛙和小青蛙的歌声。 4. 复习三角铁、木鱼的音色;学习蛙筒和手板的演奏方法,区别它们音色的不同,并用它们为歌曲伴奏。 5. 感知音的高低。	1. 学习新的节奏型"XXXX",并能正确地拍读出来。 2. 背唱歌曲《小毛驴》,并能为歌曲分句。 3. 能用律动正确地表现出力度和速度的变化。
第八课	1. 听辨出"mi、sol"两个音的高低,并打着手号,唱出正确的音高。 2. 学唱歌曲《布谷叫,春天到》与《3(mi)、5(sol)短曲》。 3. 复习"X""XX"与"X—"3 种节奏,用"mi、sol"两个音即兴编写两小节左右的旋律,并打着手号唱出来。	1. 听辨出音乐中双簧管和圆号出现的地方。 2. 在完整地欣赏音乐时,能结合音乐的进行,为音乐配上旁白。

学段	上学期	下学期
第九课	1. 巩固复习"mi、sol"两个音。 2. 打着手号，用准确的声音，在正确的节拍处唱出"sol、mi"（咕咕）两个音和歌词。 3. 能随伴奏演唱歌曲。	1. 体验与感知二拍子的拍律特点。 2. 能演唱歌曲。 3. 为歌曲写上合适的速度。
第十课	1. 学唱歌曲《是谁在敲》《我们歌唱》。 2. 认识力度记号"f"和"p"，能区分它们所表现声音效果的不同，能正确地用自己的歌声表现出来。 3. 培养学生讲文明、懂礼貌的好习惯。	1. 学唱歌曲《小小的船》，为歌曲写上合适的速度。 2. 感知《小小的船》与《小圆舞曲》这两首中速的三拍子音乐的美感。 3. 在欣赏《快乐的罗嗦》与《星光圆舞曲》的片段音乐中，能听辨二拍子和三拍子。
第十一课	1. 复习巩固"mi、sol"两个音的手号，增加"la"的手号，能打着手号并唱出来正确的音高。 2. 学唱歌曲《左手和右手》。 3. 复习"X""XX"与"X—"3个节奏，能用"mi、sol、la"3个音即兴编写两小节左右的旋律并打着手号唱出来。 4. 学唱歌曲《敲起音条3、5、6》。	1. 复习巩固"mi、sol、la"3个音的手号，增加"re"的手号。 2. 演唱歌曲《牧童谣》。 3. 打手号唱出歌曲第1、2、4小节的旋律。
第十二课	1. 演唱歌曲《小兔子乖乖》。 2. 用不同的声音表现大灰狼、小兔子和兔妈妈出现时的歌声。 3. 认识3种乐器：小提琴、大提琴、圆号，并能判断出它们音色的不同。	1. 欣赏贺绿汀的《摇篮曲》片段，体会音乐所带来的美感。 2. 听唱舒伯特的《摇篮曲》，用声音随音乐表现歌曲宁静温柔的情绪。
第十三课	1. 背唱歌曲《咏鹅》，体验音高与诗词韵律相结合的美感。 2. 通过唱游的形式表现歌曲，加深对歌曲的表现与理解。 3. 复习和巩固大提琴、小提琴的音色，能区分出用这两件乐器演奏的《咏鹅》。	1. 打手号自己学唱歌曲《落水天》的第1、第2小节。 2. 尝试用客家方言跟随歌曲的录音演唱。

学段		上学期	下学期
	第十四课	1. 背唱歌曲《梅花鹿》《爷爷今天过生日》《我的头和我的肩》。 2. 复习"X"和"XX"节奏。能用三角铁、木鱼、蛙筒、响板敲击"X"和"XX"节奏。	1. 演唱歌曲《娃哈哈》。 2. 用双响筒、铃鼓为歌曲伴奏。 3. 尝试用课本上的舞蹈动作提示边跳边唱。
	第十五课	1. 欣赏《平安夜》《铃儿响丁当》，体验西方平安夜宁静、祥和的节日气氛。 2. 学唱歌曲《祝你圣诞快乐》《新年好》，介绍一些西方新年的知识，了解西方新年的一些节日风俗。	1. 学唱歌曲《好孩子要诚实》，初步感知和体验"fa"的音高概念。 2. 学唱《小鼓响咚咚》，并能根据歌词的含义能用"f"和"p"两个力度记号处理歌曲，并教育学生怎样做个懂礼貌的好孩子。
	第十六课	1. 欣赏管弦乐曲《春节序曲》片段，了解中国北方部分地区新年跳秧歌、舞狮子、放爆竹的习俗。 2. 学唱歌曲《过新年》《行花街》，介绍广东地区年三十晚行花街的风俗人情。	1. 演唱歌曲《司马光砸缸》。 2. 尝试用打击乐器或身边的器材为歌曲配音响。 3. 全班一起合作表演《司马光砸缸》，培养学生的合作能力。
二年级	第一课	1. 学唱歌曲《小朋友，爱祖国》，激发心中的爱国情怀。 2. 学唱歌曲《温暖的家》，感悟和表现家庭的温暖，并培养学生爱家，爱自己的亲人之情。	1. 演唱《没有祖国哪里会有我》，激发学生的爱国情怀，树立民族自豪感。 2. 学唱歌曲《猜花》，能用对答的形式与他人合作演唱。 3. 随《猜花》的音乐一起做海南《调声》表演时的歌舞律动。
	第二课	1. 唱会歌曲《五声歌》，并能打手号唱准由这5个音组成的旋律乐句。 2. 演唱歌曲《箫》，初步感受和建立"re"的音高概念。 3. 欣赏箫独奏《箫》，初步熟悉和了解箫的音色。	1. 学唱歌曲《勇敢的鄂伦春》。能较好地使用"f、p、渐强、渐弱"等力度记号表现歌曲。 2. 能随着音乐一边歌唱一边做骑马的律动。 3. 能打出"do、re、mi、sol、la、(do')"6个音的手号并唱出它们的相对音高。
	第三课	1. 学唱歌曲《闪烁的小星》，感受"fa"的音高概念；进一步巩固"X、XX、X—"3种节奏。 2. 演唱歌曲《海鸟的家园》，唱出歌曲	1. 学习"si"的唱名和手号，通过反复模唱感受"si"与"do"的音高感觉。 2. 学唱歌曲《音阶歌》，在歌唱中巩固C大调7个音的唱名及音高。

续表

学段		上学期	下学期
		中的跳音与 f、p 与歌曲结束时渐弱的力度记号。 3. 欣赏器乐曲《海鸟的家园》，感受夏威夷琴的音色。	3. 学唱歌曲《有个洋娃娃》，在演唱中进一步感受和巩固"si"与"do'"的音高概念，同时通过歌曲的演唱，感受和体验印度尼西亚儿歌所带来的不同音乐风格。 4. 在学唱歌曲《有个洋娃娃》后，能用自己的歌声去表达歌曲的情绪。
	第四课	1. 在读、拍的过程中初步感受、认知"XXX"节奏。 2. 通过学唱歌曲《恰利利、恰利》，感受"XXX"节奏在歌曲中的运用。 3. 欣赏歌曲《掀起你的盖头来》，感受和巩固"fa"在歌曲中的音高概念与"XXX"节奏，尝试用新疆舞蹈律动为歌曲伴舞。	1. 感受四分音符及休止符的时值，掌握如何拍读而成四分休止符。 2. 学唱《野兔饿了》，唱准四分休止符的时值，知道不能做不劳而获的事情。 3. 学唱歌曲《多年以前》，会唱二声部旋律，唱准四分休止符；能用"f、p、渐强、渐弱"等力度记号表现歌曲；尝试用二声部合唱来表现歌曲。
	第五课	1. 欣赏歌曲《两颗星星》，让学生感受歌曲的旋律。 2. 跟唱《两颗星星》（片段），并能在歌谱中有手号的地方打手号随音乐一起唱出相应的唱名。	1. 欣赏《小鸟》与《大象》，感受长笛与低音提琴的音色特点；能随着《大象》的音乐做踏步的动作。 2. 欣赏管弦乐曲《咆哮的老狗熊》片段，感知大管的音色，并随音乐律动。 3. 欣赏乐曲《袋鼠》，感受双钢琴交替演奏的跳跃性音型，以及音乐刻画的袋鼠轻快而敏捷的形象。 4. 欣赏乐曲《水族馆》，感受乐曲中钢琴琶音所表现出来的微波荡漾的水面以及鱼儿在水中穿梭游动的感觉，并尝试用合适的律动来表现音乐。 5. 欣赏钢琴独奏《木马游戏》，感受钢琴的音色，体验和感受作品表现的孩子骑在木马上前后摇摆的动态。
	第六课	1.《狮王进行曲》：能哼唱主题旋律片段，能听出乐曲中模仿狮子吼叫的音乐片段共出现了几次，并通过感受与模唱体验这段音乐的旋律走向。 2.《在钟表店里》：在欣赏中感受音乐的速度、节拍、情绪，能哼唱与听辨一至两个主题。	1. 通过对比欣赏广东民歌《月光光》与小提琴独奏《新春乐》，让学生知道音乐中速度有快有慢。 2. 通过欣赏管弦乐曲《森吉德玛》片段，感受相同的音乐在速度不同时音乐形象发生的变化。

续表

学段	上学期	下学期
第七课	1. 学唱《小花雀》，掌握新的节奏型"XXX"，在合唱练习片段中进一步巩固"do、mi、sol"3个音的音高概念。 2. 演唱《老爷爷赶鹅》，感知音乐的结构，寻找这首歌曲相同的乐句，并巩固"XXX"节奏的掌握。	1. 学唱歌曲《降落伞》，通过为这首歌曲寻找组成音，并排序演唱音阶的方法来复习和巩固C大调的音阶。 2. 在唱熟歌曲后，尝试歌曲配上合适的速度，写出音乐的情绪。 3. 唱会歌曲《我们的小乐队》，用钹、小军鼓、大低音鼓或者用声势等为歌曲配伴奏。
第八课	学唱歌曲《十只小猪过河》，在理解歌词意思的基础上进行唱游活动。	1. 欣赏交响曲《暴风雨》片段，在感受音乐的基础上体会音乐要素对音乐形象塑造的作用，了解作曲家贝多芬。 2. 唱会歌曲《欢乐颂》，进一步巩固"aa'ba"的曲式结构。
第九课	1. 学唱歌曲《画》，品味诗与古曲旋律相结合后所产生的韵律与意境美。 2. 学唱歌曲《悯农》，找出歌曲中重复的乐句，并渗透从小爱惜粮食、尊重劳动的思想教育。	1. 聆听小提琴独奏曲《大海》，能在音乐的意境中，有表情地朗诵《大海》这首诗。 2. 有表情自信地演唱歌曲《大海》。 3. 尝试运用朗诵、歌唱、声势、创编律动或音响、创编故事等综合艺术手段表现歌曲《大海》这首歌曲或乐曲。
第十课	1. 学唱歌曲《螃蟹歌》，能表现出歌曲风趣诙谐的情绪。 2. 学唱歌曲《稻草里的火鸡》，能用力度与歌唱语气的变化表现歌曲。	1. 唱会歌曲《哎呀！玛丽亚丢了宝石花》，并能选择合适的方式，随着音乐以游戏的形式表现音乐。 2. 进一步复习和感受乐段的重复。
第十一课	1. 学唱歌曲《酸枣刺》，能用歌声表达打败日寇汉奸的决心。 2. 学唱歌曲《共产儿童团歌》，唱出音乐的情绪，了解进行曲速度。 3. 听音乐故事，了解歌曲《卖报歌》的产生背景。学唱《卖报歌》，用双响筒、沙锤为歌曲伴奏，并进行爱国主义的思想品德教育。	1. 唱会歌曲《哈哩噜》，能用打击乐器或律动等方式参与演唱活动。 2. 唱会歌曲《学我做》，并创编合适的律动进行唱游活动。

续表

学段		上学期	下学期
	第十二课		1. 感受音色,复习和巩固小提琴、大提琴、圆号、双簧管、大管、长笛等乐器的音色,并能判断出这些乐器的音色。 2. 复习和巩固歌曲中的节奏和四分休止符,能用嗓音、打击乐器、拍打身体或创编情景等形式来表现游戏内容。
	第十三课		1. 能与他人合作表演歌舞剧《龟兔赛跑》,能在表演中关注音乐。 2. 聆听管弦乐曲《乌龟》和律动音乐《蹦蹦跳跳的小兔子》,能用合适的律动表现音乐的快慢及与之对应的动物的神态。
三年级	第一课	1. 学唱《我们爱老师》和《我们的学校亚克西》,激发学生爱师、爱校的情感。 2. 学习新疆舞蹈的基本舞步,自由创编手部动作,并用打击乐为歌曲伴奏。	1. 学唱《春天来了》,能用甜美自然的声音轻松愉快地演唱,并用打击乐器为歌曲伴奏。 2. 了解乐曲的"重复"与"对比"。 3. 欣赏小提琴协奏曲《春》的第一乐章,哼唱并熟记音乐主题。
	第二课	1. 欣赏民乐合奏《快乐的罗嗦》,感受彝族舞曲的风格。 2. 能击拍、口读四分音符和八分音符。 3. 能独立击拍、演唱乐曲《快乐的罗嗦》的乐谱。 4. 体验、尝试演唱《快乐的罗嗦》二声部的乐谱。	1. 学唱《风铃》,能用优美清脆的声音、恰当的力度表现不同的风铃形象。 2. 能用学过的节奏创编并合作击打,体验创编及合作的乐趣。 3. 认识"F"和"G",能在键盘上找出来。能听辨"C-G"的音高。
	第三课	1. 能用圆润、有情感的声音演唱《大海啊,故乡》,学唱《牧童之歌》,感受、体验、表现三拍子和二拍子的强弱规律,培养音乐审美力和表现力。 2. 欣赏《小螺号》《我们美丽的祖国》,辨别 1 拍、4 拍,并用动作表现出来。	1. 欣赏《英雄凯旋歌》,体验歌曲坚定、雄壮的情绪,感受全音符的拍律。 2. 认识音符的名称和与之相对应的时值,并能口读、手击拍出来。 3. 会用打击乐器为《英雄凯旋歌》伴奏,在稳定的拍子中熟练掌握四分休止符。
	第四课	1. 欣赏《扬鞭催马运粮忙》,感知音乐速度的快慢所表现的不同音乐形象。 2. 欣赏《渔舟唱晚》,感受乐曲中的速度变化,并用律动表现出来。	1. 欣赏《梦中的额吉》,体验蒙古族民歌宽广、深情的美感。 2. 掌握节奏多声部游戏《端午节》,尝试编创不同的节奏谱并朗读出来。

学段	上学期	下学期
	3. 对比欣赏《乌龟》和《地狱中的奥菲欧》序曲，学唱《乌龟》的音乐主题，进一步了解速度对塑造音乐形象的重要性。	3. 学唱《瑶山乐》，能用轻快优美的歌声表现歌曲的欢快情绪，并用简单的瑶族舞蹈动作边歌边舞。 4. 学唱歌曲《凤阳花鼓》，了解安徽民歌的风格。
第五课	1. 在拍读《春天》中，感知节奏变化，并能击拍、口读节奏。 2. 学唱《嘀哩嘀哩》，选择合适的速度演唱。 3. 学唱《小斑鸠对我说》，选择合适的演唱形式表现歌曲的情绪。	1. 了解四拍子音乐的强弱规律，能创编合适的动作表现《渔光曲》的强弱。 2. 了解音乐记号"拍号"，能听辨出二拍子、三拍子、四拍子的音乐。 3. 学唱《送别》，能优美深情地表达歌曲情绪。
第六课	1. 聆听钢琴曲《捉迷藏》，记忆音乐主题，感知力度、速度在塑造音乐形象上所起的作用。 2. 聆听轻音乐《杜鹃圆舞曲》，感受三拍子的音乐特点，能听辨音乐主题。	1. 感受二胡和小提琴的不同音色，并学会分辨。 2. 欣赏《空山鸟语》，了解二胡的音色是如何塑造出空山幽谷及群鸟欢鸣的景象。 3. 欣赏《云雀》，体会小提琴华丽优美的音色所描绘出来的云雀的形象。
第七课	1. 学唱《踢毽子》《虫儿飞》。 2. 了解弱起小节，能用合适的速度演唱《当我们同在一起》，并将歌曲分句，按照不同的乐句编创动作。 3. 能用歌声表现《翠鸟咕咕唱》的活泼情绪，并进行二声部的轮唱。	了解作曲家冼星海，聆听《游击军》、无伴奏合唱《回声》，感知力度的变化。
第八课	1. 了解旋律的上行、下行和同音反复的概念，并能在旋律片段中听辨出来。 2. 学唱《我们大家跳起来》，在歌唱和律动中感受歌曲中的级进和跳进、上行和下行。	1. 欣赏《卡农歌》和《救国军歌》，了解卡农这一艺术形式。 2. 学唱歌曲《欢乐歌》。 3. 欣赏《保卫黄河》，体验卡农的运用在表现作品磅礴的气势以及所蕴含的爱国情感上所起的作用。
第九课	1. 学唱《数蛤蟆》，编创歌词，并根据音乐形象用打击乐为歌曲编配伴奏。 2. 欣赏《公鸡和母鸡》及《吹口哨的人与狗》，能用动作表现音乐所表达的形象。 3. 掌握音名"C D E"在键盘上的不同位置。	1. 能根据人物形象朗读《木桶有个洞》的台词。 2. 学唱歌曲《木桶有个洞》，即兴创编歌词进行歌唱。 3. 分角色表演音乐幽默小品《木桶有个洞》。

续表

学段		上学期	下学期
	第十课	1. 学唱《捕鱼歌》,了解旋律进行中的"大跳",能借助手号或搭桥的方法唱准"do"。 2. 能有感情地演唱《太阳出来喜洋洋》和《桔梗谣》,分析两首民歌的不同风格。 3. 学习波音记号,并能将其在《太阳出来喜洋洋》中演唱出来。 4. 通过学唱民歌,感受衬词在民歌中的作用。	1. 在音乐活动中复习旋律的进行方向:上行、下行、级进、跳进。 2. 学唱《美丽的朝霞》和《丰收之歌》,通过划旋律线感受歌曲的级进和跳进,并用歌声表达歌曲的不同情绪。
	第十一课	1. 观赏《四小天鹅舞曲》《那不勒斯舞曲》舞蹈视频,感受音乐在舞蹈形象刻画中所起的作用;能在乐曲中听辨出小提琴、双簧管和大管出现的顺序;听辨《那不勒斯舞曲》中的乐器。 2. 聆听大提琴独奏曲《天鹅》,感受《天鹅》的音乐形象,感知主调音乐的特色。 3. 观赏舞剧《红色娘子军》中《女战士和炊事班长的舞蹈》,能自由创编动作,获得音乐审美体验。 4. 欣赏《金孔雀轻轻跳》,能模仿孔雀舞的动作随音乐边唱边舞。	1. 了解亚洲民间歌曲和音乐,增进对亚洲音乐的认识和喜爱。 2. 欣赏斯里兰卡民间歌舞《罐舞》,模仿"罐舞",感受其音乐与舞蹈结合的美感。 3. 演唱朝鲜民歌《阿里郎》,了解朝鲜音乐的特点。 4. 演唱《木瓜恰恰恰》,感受歌曲的欢快情绪和喜悦心情,了解印度尼西亚相关文化以及"叫卖调"。 5. 听唱《厄尔嘎兹》,了解土耳其的音乐风格。
	第十二课		1. 激发学生了解和学习京剧的兴趣。 2. 了解京剧的四大行当,重点认识丑角。 3. 感受京剧念白的特点。
四年级	第一课	1. 学习掌握三连音节奏;能够准确演唱弱起节奏。 2. 了解国歌的创作背景及作者,能用自豪的心情唱准、唱好国歌,激发学生的爱国热情。 3. 欣赏《码头工人歌》,了解其创作背景以及节奏特点。	1. 学唱《我爱中华》,能用歌声表达作为中国人的自豪之情。 2. 熟练掌握"X. X"节奏型,了解"主歌"与"副歌",并能分辨。 3. 听唱《中国人》,体会歌曲的情绪,表达自豪的情感。

学段	上学期	下学期
第二课	1. 了解什么是音色。 2. 了解人声的分类,听辨出人声的类别。 3. 激发学生学习竖笛的兴趣,初步掌握基本的持笛、吹笛方法;能用适中的力度、均衡的气息吹奏短音和连音。	1. 学唱两首不同版本的江苏民歌《茉莉花》,能用优美自然的声音表达歌曲的情绪及音乐风格。 2. 欣赏东北、河北、河南民歌《茉莉花》,感受其风格特征,能分析它们的异同及形成的原因。 3. 欣赏歌剧《图兰朵》中的"茉莉花"片段,理解优秀的民歌也是世界各族人民的文化财富。
第三课	1. 感受切分节奏的节拍重音,掌握切分节奏的读法。 2. 学唱两首不同风格的歌曲《秋色》和《土风舞》,能用歌声表达歌曲的不同情绪与美感。 3. 欣赏小提琴协奏曲《秋》的第三乐章,熟悉音乐主题。	1. 欣赏《春江花月夜》和《百鸟朝凤》片段,感受乐曲的"动"与"静",并能用语言和文字表达出来。 2. 欣赏《匈牙利舞曲》(第五号)片段,熟记音乐主题,感知速度、力度变化给音乐带来的活力。
第四课	1. 认识附点二分音符的时值,能准确地拍读其节奏。 2. 学唱《山》,体验三拍子的韵律感,尝试用二声部合唱的形式表现歌曲。 3. 能用欢快的情绪演唱《牧羊女》,感受歌曲结构,能用动作或图示表现出来。 4. 复习音名,能听辨不同的音名。	1. 欣赏《小小少年》,体会朝气少年的阳光心情,同时了解其曲式结构。 2. 用愉快的歌声演唱《小小少年》。 3. 掌握"X. X"节奏并能熟练运用。
第五课	1. 学唱《大风车》,复习切分节奏。 2. 用欢乐的情绪演唱歌曲《快乐的铁匠》,了解这首歌曲与钢琴独奏曲《钢琴变奏曲》之间的联系。	1. 欣赏铜管四重奏《快乐的号手》,对比大号、小号、长号、圆号的音色。 2. 聆听管弦乐曲《查尔达斯舞曲》,感受铜管乐器的音色,能辨别出乐器的音色并用动作模仿表现。
第六课	1. 学唱《浏阳河》,背唱《小小鲤鱼粉红鳃》,初步接触结束音。 2. 欣赏《新货郎》《回娘家》《黄河船夫曲》,体验不同的音乐风格,激发对民歌的学习兴趣。	1. 复习旋律进行的方式,能分辨旋律进行的方式。 2. 学唱《西风的话》,手划旋律线,体验歌曲旋律的内在韵律。 3. 学吹竖笛"g'"音,气息均匀,音色优美,并享受合奏的乐趣。

续表

学段		上学期	下学期
	第七课	1. 对比欣赏中、美、日 3 首动漫音乐，感受不同的音乐形象和故事情境，听辨相应的音乐主题。 2. 了解动漫音乐的一些常识，提高学生自主思考的能力，培养音乐故事的感受和表演能力。	1. 欣赏《扬基嘟得儿》，了解歌曲背景并熟记音乐主题。 2. 学唱《牧场上的家》，感受其旋律进行的方向。 3. 能用欢快诙谐的情绪演唱《噢！苏珊娜》，处理好歌唱气息与乐句的关系。同时对比分析《牧场上的家》，音乐要素所带来的不同音乐风格。 4. 用优美的声音演唱《月亮河》，分析旋律进行的特点，了解歌曲的风格。 5. 欣赏电影《雨中曲》的主题歌部分，了解好莱坞歌舞影片的音乐特点。 6. 用整体统一的声音深情地背唱《红河谷》。
	第八课	1. 欣赏《引子与狮王进行曲》，能拍击引子的节奏并背唱音乐主题。 2. 欣赏《公鸡和母鸡》《大象》，分析乐曲使用的乐器，并描绘动物形象。 3. 欣赏《袋鼠》和《水族馆》，分析并听辨演奏的乐器。 4. 欣赏《终曲》，讨论音乐要素是如何体现音乐形象的。	1. 学唱《邮递员叔叔来了》，能在歌唱时即兴创编表达不同心情的动作和表情。 2. 编创 2—4 小节的节奏短句或旋律短句。 3. 对自己、他人的表演和创作进行简单的评论。
	第九课	1. 用诙谐、欢快的声音演唱《剪羊毛》，并用两个声部的固定节奏型为伴奏，分析 4 个乐句的异同。 2. 用优美的歌声学唱《瓦尔森·马蒂尔德》。 3. 欣赏器乐合奏曲《剪羊毛》和《瓦尔森·马蒂尔德》，进一步了解澳大利亚民歌的特点。 4. 欣赏毛利歌曲《毛利欢迎你》，了解新西兰的音乐文化。	1. 吟诵唐诗《回乡偶书》，感受节拍感和强弱规律，能拍打 3/8 节奏。 2. 学唱《阿瓦日古丽》和《什么船儿》，用优美的声音表现歌曲的韵律感。 3. 欣赏《可爱的一朵玫瑰花》，感受二拍子歌曲的特点，能击拍视唱。 4. 认识、掌握唱名"fa、si"，能击拍视唱《郊游》。
	第十课	1. 了解北京奥运的相关知识，以及两首歌曲创作的背景。 2. 学唱歌曲《北京欢迎你》。 3. 认识音乐的社会功能，理解音乐与社会生活的联系。	1. 在模仿学唱京剧片段中，愿意聆听并积极参与演唱。 2. 根据录像、录音，学唱京剧片段《大吊车真厉害》。

续表

学段		上学期	下学期
五年级	第十一课		1. 观赏动画片《猫和老鼠》的片段，提高学生的欣赏兴趣。 2. 欣赏郎朗演奏的《匈牙利狂想曲》片段，加深对该曲的理解，增强对钢琴曲的欣赏兴趣。
	第一课	1. 背唱二声部合唱曲《歌声与微笑》《在卡吉德洛森林里》；欣赏童声合唱《飞来的花瓣》，初步了解童声合唱的演唱形式。 2. 对合唱产生兴趣，乐于参与合唱的排练，能对指挥手势做出正确反应。	1. 能够熟唱二部歌曲《红星歌》《卡农歌》；了解音乐中的旋律、伴奏与织体。 2. 听辨出《红星歌》中单旋律和带有伴奏的旋律两者之间的不同。 3. 欣赏《映山红》《嘉陵江上》《楼台会》《牧童短笛》，认知音乐织体变化与结构的密切关系。
	第二课	1. 能演唱歌曲《采莲谣》，并能准确地表现歌曲的情感。 2. 理解单拍子和复拍子的概念。 3. 能用声势、律动、划拍等方式感知6/8拍的强弱规律。	1. 了解交响音画这种音乐体裁，体会音乐意境及特定的音画形象；认识俄罗斯作曲家鲍罗丁；熟唱《在中亚细亚草原上》两种不同风格的主题。 2. 学习竖笛的基本吹奏方法。复习"la"的指法，学会"si"和"do'"的指法，并能用"la、do"两个音，按谱例要求为歌曲《唐老伯有个小农场》和《加花·变奏》音乐主题伴奏。
	第三课	1. 欣赏歌曲《歌唱祖国》；熟唱歌曲《青年友谊圆舞曲》，听辨出歌曲的乐句结构和乐句终止感，感受旋律中的主音。 2. 学习竖笛的基本吹奏方法，复习"sol"的指法，学会"la"的指法，并能用"sol、la"两个音为歌曲《虹彩妹妹》和《自新大陆》第四乐章音乐主题伴奏。	1. 认知新的节奏型"X̲X̲X"，并能在歌曲中正确地拍、读、唱出来。 2. 背唱歌曲《蜗牛与黄鹂鸟》《放牧归》，注意节奏"X̲X̲X"在歌曲演唱中的运用。 3. 通过学习歌曲，培养学生热爱大自然，学习蜗牛不畏艰难对奋斗目标执着追求的精神。
	第四课	1. 根据歌曲中不同的音乐角色演唱歌曲《小熊过桥》，并会演唱歌曲中简单的二声部。 2. 用图谱、律动等方法初步了解歌曲的结构(回旋曲式)。 3. 认知半音、全音和基本音级的音程关系。	1. 学习"旋律的重复与模进"。 2. 熟唱歌曲《夏日泛舟海上》。 3. 听辨出两条旋律中的重复与模进；会分别写出《茉莉花》和《土风舞》前四小节的重复句和模进句。

续表

学段	上学期	下学期
第五课	1. 欣赏器乐曲《小号与弦乐》，并能随乐曲录音哼唱旋律。 2. 能模仿小号与弦乐器的音色,边听、边看、边击拍、边唱乐谱,培养内心节拍感和初步的识谱能力。	1. 了解声乐演唱形式的特点,领略声乐演唱形式的艺术魅力。 2. 学习声乐与合唱的多种演唱形式。 3. 欣赏独唱、二重唱、合唱有关歌曲,能够准确判断作品的演唱形式。
第六课	1. 学唱《我驾飞船上蓝天》,激发学生对"奇妙的太空"的向往之情。 2. 准确把握三拍子歌曲的节拍韵律,能读、拍教材中的节奏。	1. 学习分辨京剧脸谱的特点及各代表人物;熟悉戏曲节奏和韵味,了解京剧西皮流水唱腔基本的特点。 2. 引领学生对京剧艺术产生兴趣、探索京剧基础知识,热爱我国传统文化瑰宝。
第七课	1. 了解歌曲的齐唱、合唱演唱形式,并能演唱歌曲《我们多么幸福》的二声部合唱部分。 2. 能正确体验和把握《我们多么幸福》和《兰花草》两首歌曲在音乐色调上的不同。 3. 了解大、小调音阶的排列,听辨大调和小调的音乐色调,能正确听辨出管弦乐曲《法朗多尔舞曲》中主题的调性变化。	1. 学习感知新疆歌曲的独特风格和欢快、热烈的情感。 2. 学唱《打起手鼓唱起歌》,掌握弱起、复拍子的节奏节拍特点。 3. 欣赏《吐鲁番的葡萄熟了》《祝酒歌》《在希望的田野上》等歌曲,了解作曲家施光南及歌唱家关牧村的有关知识,扩大学生的音乐视野。
第八课	1. 了解维吾尔族、藏族、蒙古族的音乐舞蹈特点,并对民族民间音乐产生兴趣。 2. 学唱《青春舞曲》,掌握新疆音乐独特的节奏。 3. 听唱歌曲《再唱山歌给党听》和《鸿雁》,欣赏《弦子舞曲》。	1. 学唱歌曲《哦,十分钟》和《小鸟、小鸟》,激发学生对童年校园生活的热爱之情。 2. 识读乐谱,分辨主歌及副歌部分。 3. 复习弱起、十六分音符、切分音、八分休止符。
第九课	1. 欣赏合唱曲《缆车》,了解"音乐之乡"的意大利音乐文化。 2. 欣赏法国军乐曲《马赛曲》,了解其历史背景并能哼唱乐曲的主题音乐。 3. 学唱苏联歌曲《喀秋莎》,了解其被广泛传唱的历史价值。 4. 欣赏英国管弦乐曲《〈绿袖子〉主题	1. 了解莫扎特的生平,并能通过欣赏、学习作品,加深对其音乐作品风格的理解。 2. 学唱《摇篮曲》;了解《土耳其进行曲》的风格特点、哼唱音乐主题,体验、区分两首作品的不同风格。 3. 学习二重唱的演唱方法,能用比较和谐的声音完整地表现歌曲。

学段	上学期	下学期
	幻想曲》，唱会并记住 A 部分的主题听辨出乐曲的三大部分，并自选方式参与聆听体验。 5. 能背唱奥地利民歌《雪绒花》，感受影视歌曲中主人公的情感。	
第十课	1. 听辨出长笛、双簧管、单簧管、大管的音色。 2. 用律动、打击乐器等参与《牧童短笛》《牧羊姑娘》《单簧管波尔卡》《加沃特舞曲》等音乐片段的听赏活动，并记住音乐主题。 3. 聆听木管四重奏《生日歌》和《梁山伯与祝英台》，了解木管四重奏的演奏形式。	1. 听辨出二胡、板胡、管子、笛子、钹、锣的音色，理解民族乐器的不同音色所塑造的不同音乐形象。 2. 通过完整聆听《赛马》《鸭子拌嘴》等乐曲，了解我国民族乐曲的风格特点，并哼唱《赛马》音乐主题。 3. 欣赏民族管弦乐曲《翻身的日子》，了解民族管弦乐队的构成，并能掌握各民族乐器组分类及代表乐器。
第十一课	1. 欣赏歌曲《春晓》和《读唐诗》，了解音乐与诗歌结合的综合艺术形式。 2. 演唱二声部歌曲《春晓》，感受音乐与古诗相融形成的和谐魅力。 3. 用优美的声音演唱歌曲《读唐诗》，理解我国古诗词文化的博大精深。	1. 学唱歌曲《尼罗河畔的歌声》，加入击拍及律动。 2. 背唱歌曲《当太阳落山》，并能击拍非洲鼓点节奏，感受非洲民族风情和音乐文化特点。 3. 学习歌曲《划船》，学习二声部合唱的能力。
第十二课	1. 欣赏乐曲《惊愕交响曲》第二乐章主题与变奏，了解海顿的生平和交响乐的音乐表现形式，并能从海顿的作品中感受作者创作意图。 2. 能哼唱和记住《惊愕交响曲》第二乐章的主题，初步了解变奏曲式。	1. 能演唱歌曲《前进，快乐的少先队员》，准确表现歌曲的情感、把握进行曲的风格特点。 2. 感知新的切分节奏型："XX."，并能准确地拍击。 3. 学吹竖笛，能吹奏小字二组的"d'"音，并通过卡农的方式，合作完成二声部的练习曲。
第十三课	1. 学唱歌曲《银色的马车从天上来》《踏雪寻梅》，并根据力度变化准确表现歌曲的意境。 2. 欣赏小提琴协奏曲《四季》中《冬》第一乐章；能用语言表达自己对乐曲音乐形象的感受。	1. 演唱歌曲《可爱的蓝精灵》，并用律动表达欢快、愉悦的情绪。 2. 掌握"变音记号"的小知识，能听辨出变化音，并能对变化音作出反应。

续表

学段		上学期	下学期
	第十四课	1. 了解我国的民间传统文化十二生肖，记住名称、排序及由来。 2. 用"快板"的形式说十二生肖。 3. 活泼风趣地演唱《十二生肖趣歌》，主动参与游戏活动，并进行即兴表演。	欣赏《胡桃夹子组曲》中的《进行曲》《糖果仙子舞曲》《阿拉伯舞曲》和《花之圆舞曲》，了解音乐中的故事，哼唱乐曲的主题，对各段乐曲作简短的描述，听辨《糖果仙子舞曲》的特殊乐器。
六年级	第一课	1. 初步感受中国民间乐曲《秧歌舞曲》与小提琴独奏曲《D大调小步舞曲》两首舞曲的不同风格。 2. 听唱河北民歌《小白菜》、欣赏钢琴曲《节日舞》，感受音乐要素的不同。	1. 学唱《拉起手》《来吧！来踢球》。 2. 用人声、乐器等完成课本中的"声音的模拟与表现"创编活动。
	第二课	1. 背唱歌曲《月亮月光光》《放纸鹞》，对两首歌曲的音乐要素进行对比，体验不同的音乐风格、情绪和意境。 2. 掌握并体验八分休止符在歌曲中的作用。	1. 演唱歌曲《龙的传人》，能表现歌曲。 2. 分析、探究歌曲中的音乐要素的作用。
	第三课	1. 演唱歌曲《我们在广场上相遇》《哈哩噜》，能准确地敲击出长音处节奏。 2. 了解拉丁美洲音乐风格特点，能随《桑巴舞曲》用打击乐器参与乐曲的表现。 3. 学习竖笛吹奏二声部《荡漾的湖水》《雪绒花》（片段）。	1. 欣赏《黄河大合唱》第一乐章《黄河船夫曲》、第四乐章《黄水谣》，听唱第七乐章《保卫黄河》。 2. 熟记第一乐章《黄河船夫曲》的第一、二主题，分析、比较音乐要素，演唱歌曲《保卫黄河》。 3. 了解《黄河大合唱》的创作背景和词曲作者。
	第四课	1. 演唱歌曲《乘着歌声的翅膀》。 2. 欣赏管弦乐曲《朝景》，能听辨出乐曲的三个部分。 3. 学唱歌曲《歌唱二小放牛郎》，启发学生的爱国情怀。	1. 欣赏《溜冰圆舞曲》，唱会并熟记第一圆舞曲A、B主题；划出第二圆舞曲主题A的旋律线；听辨出第三圆舞曲主题A旋律的乐器家族和第四圆舞曲的乐器音色。 2. 欣赏《王者之舞》，感受爱尔兰踢踏舞曲典型的音乐特点。 3. 欣赏《马刀舞曲》，听辨出弦乐组、木管组和铜管组演奏的音乐片段。
	第五课	1. 学唱歌曲《海鸥》，能进行二声部合唱。 2. 学习《少年先锋岗》（片段）和《洪湖水，浪打浪》（片段），掌握判断副旋律的方法。	1. 演唱歌曲《七色光之歌》和《八只小鹅》，参与二声部合唱。 2. 巩固复习歌曲中的休止符、附点、切分节奏，感受歌曲的音乐风格。

续表

学段		上学期	下学期
六年级	第六课	1. 了解、感受动漫音乐。 2. 听唱《斑鸠调》，准确演唱歌曲的第一乐段。 3. 欣赏《碰鼻歌》，击拍视唱曲谱。	1. 了解《卖布谣》《长城谣》《卢沟谣》的历史背景，激发爱国之情。 2. 学唱3首歌曲，体验音乐情绪的变化。
	第七课	1. 欣赏古曲《梅花三弄》，感受主题在乐曲中的变化。 2. 欣赏乐曲《渔舟唱晚》，熟悉各部分音乐主题。 3. 了解弹拨乐器筌篌，感受柔美清澈的音色；欣赏古曲《春江花月夜》，了解"鱼咬尾"的音乐创作手法。	1. 欣赏管弦乐曲《卡门序曲》。 2. 能随音乐哼唱或默唱《斗牛士之歌》。 3. 主动参与音乐实践活动，并与他人进行音乐交流。
	第八课	1. 学唱歌曲《童年》《乡间的小路》。 2. 复习音乐知识：弱起、切分节奏、八分休止符、三连音。	1. 演唱歌曲《我的肯塔基故乡》，感知旋律中的变化与重复。 2. 哼唱《图画展览会》中3首乐曲的主题旋律，体验音乐要素的变化。 3. 了解美国作曲家福斯特和俄罗斯作曲家穆索尔斯基。
	第九课	1. 演唱四川民歌《盼红军》《金瓶似的小山》《孟姜女哭长城》。 2. 感受3首民歌不同的风格特点，了解民族调式中的五声调式，能排列出3首民歌的音阶。	1. 听辨歌曲《黄河颂》《黄水谣》《唱支山歌给党听》中的前奏、间奏、尾奏。 2. 描述前奏、间奏、尾奏在歌曲中所起到的作用。
	第十课	欣赏琵琶曲《十面埋伏》，感受乐曲描绘的各种战争场面。	1. 演唱歌曲《野玫瑰》；能够唱准变化音，认识歌曲中渐强、渐弱等力度记号以及顿音、延音等音乐记号。 2. 听辨歌曲《野玫瑰》与《老艺人》，感受它们在歌曲中所起的作用。
	第十一课	背唱《欢乐颂》的主题，运用多种形式（如轮唱）感受合唱的魅力；聆听《第九交响曲》第四乐章片段，感受其宏大气势及震撼力。	1. 主动参与京剧小戏《小放牛》的演唱和表演；认识音乐前奏、间奏在戏曲中的作用。 2. 了解剧目《小放牛》的剧情，能够在儿童剧《小放牛》中担当一个角色，创编动作进行表演唱。
	第十二课	1. 听唱《法图姑娘》，感受歌曲情绪。 2. 感受非洲音乐风格特点。	

第三节 绮丽多姿的音乐色彩

基于我校音乐学科"以谐美的音乐滋养儿童的心灵"的理念，以音乐审美为中心，提倡师生互动、学生自主学习的精神，重视音乐实践和音乐创造，强调音乐与文化的关联和多学科综合，注重完善评价机制，设置我校"谐美音乐"课程。

一、 学科课程结构

结合课程标准，重视对学生音乐理解力、音乐欣赏力、学习态度、审美体验和文化认知等方面素质的培养。以教育部《义务教育音乐课程标准（2011 年版）》中提出的"感受与欣赏、表现、创造、音乐与相关文化"四个领域为出发点，围绕"谐美音乐"的核心概念，在"谐美欣赏""谐美歌唱""谐美演奏""谐美创作""谐美曲艺"五个模块进行课程构建，具体如下（见图 5 - 1）：

"谐美欣赏"即音乐欣赏，是音乐课堂的重要组成部分，也是培养学生在聆听旋律、体验节奏的过程中充分感受音乐魅力的时刻。通过把音乐知识和聆听融合起来，学生能掌握音乐要素，学会欣赏音乐，感受音乐，理解音乐要素，培养审美能力。

"谐美歌唱"通过音乐课程学习和参与丰富多样的艺术实践活动，培养学生良好的歌唱习惯。引导学生自主地用恰当的速度、力度、音色、表情去表现歌曲的情感，使学生的演唱更富有表现力，使演唱者更充满信心。

"谐美演奏"通过学习竖笛、葫芦丝、长笛、小提琴等乐器，感受音乐的美好和演奏的乐趣，提高学生学习音乐的兴趣。通过演奏的方式达到情感表现的目的，增强艺术体验与积累并加强同演唱的联系，不断提高学生对音乐的表现能力。

"谐美创作"通过对生活中生动有趣的声音场景的探索活动，学会用打击乐器和多

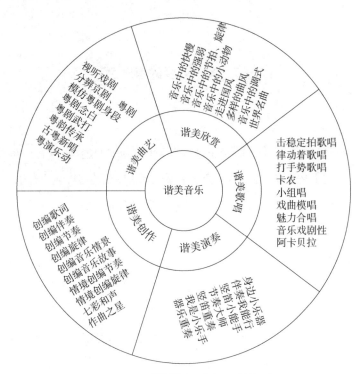

图 5-1 "谐美音乐"课程结构图

种声音材料创造和表现生活中的声音,加深对音乐要素、音响、节奏的感受和体验。学生在游戏中能加深对音色、力度等音乐要素的感受和体验,激发创造音乐的兴趣,获得成功的体验。

"谐美曲艺"包含我国民族文化中极其重要的一部分——传统戏曲艺术。粤剧作为岭南文化艺术瑰宝,学生通过学习,不仅可以增强学习音乐的趣味性和韵味性,并感知戏剧、舞蹈等姊妹艺术的美;也可以加强民族自信心,提高民族意识和爱国情操,加强音乐与社会、民族和世界的连接。

二、学科课程设置

针对在校学生实际情况,我们量身打造"谐美音乐"课程。所有课程依据各年级学生学情,由易到难、由浅入深、由单一到综合、循序渐进,贯穿三个学段六个年级,根据不同学段的知识储备和学生需求编制不同的内容,由各年级段的任课老师组织实施,具体如下(见表5-2):

表5-2　音乐学科拓展课程设置表

学期	课程	谐美欣赏	谐美歌唱	谐美演奏	谐美创作	谐美曲艺
一年级	上学期	音乐中的快慢	击稳定拍歌唱	身边小乐器	口头创编歌词	视听戏剧
	下学期	音乐中的强弱	律动着歌唱	伴奏我能行	口头创编伴奏	分辨京剧、粤剧
二年级	上学期	音乐中的小动物	打手势歌唱	模仿 show	为歌曲伴奏	模仿粤剧身段
	下学期	我会打节拍	我是小歌手	竖笛小能手	口头创编节奏	粤剧念白
三年级	上学期	音乐中的速度	卡农	乐之节律	口头创编旋律	粤剧武打
	下学期	音乐中的节拍、旋律	我是小指挥	节奏大师	书写创编	粤剧知识我知道
四年级	上学期	听乐辨器	小组唱	竖笛二重奏	创编音乐情景	走近粤剧名家
	下学期	走近国风	戏曲模唱	动感音乐	音乐故事创编	粤韵传承
五年级	上学期	多样的曲风	你唱我来和	竖笛三重奏	情境创编节奏	粤剧小演员
	下学期	玩转曲风	魅力合唱	花式改编	情境创编旋律	古粤新唱
六年级	上学期	音乐中的调式	音乐戏剧社	我是小乐手	七彩和声	粤演乐动
	下学期	世界名曲集锦	阿卡贝拉	器乐重奏	作曲之星	粤剧小梅花

三、学科课程内容

(一)乐理基础班

课程目标:掌握乐理知识,熟练地识读简谱及五线谱;培养听觉判断、记忆、分析、听写旋律等能力;准确理解和表达各类音乐术语、表情记号、音乐动机、乐汇、乐句、乐段。

课程内容：认知五线谱、谱号、音符；了解音名与唱名、节拍与节奏、认识拍号；熟悉掌握五声调式、大小调音阶；音程及转位音程的听记及模唱；构唱与听辨大、小和弦；自然大小调以及调性中的和声分析；单声部、二声部视唱。

(二) 凤凰湖合唱团

课程目标：激发学生对合唱艺术的热爱，做到自信、自然、独立、有感情地演唱，净化学生的心灵，培养团队合作精神；提升学生的音乐鉴赏力、视唱练耳、唱谱能力；掌握科学的发声方法，声音控制、集体合作以及抓准音高的能力。

课程内容：气息训练，增强演唱气息；音色训练，使所有的团员声音融为一体，统一和谐；音准训练，了解歌曲的音乐动机、乐句、和声、调性、相关背景等；能演唱二声部歌曲及三声部歌曲。

(三) 小凤凰曲艺社

课程目标：学生喜爱粤剧，拥有学粤剧、唱粤剧的机会和平台。丰富校园文化，让学生从小就种下粤剧的种子，走进粤剧的繁花深处。体验岭南戏曲的神韵，传承粤剧精粹，留住文化根脉。

课程内容：通过教授学生知粤剧、学粤剧、爱粤剧，在耳濡目染的熏陶下，更好地传承粤剧文化。训练基本功：压腿、踢腿、十字、一字马等；训练毯子功、弹跳组合、前滚翻、后滚翻等；训练身段，掌法组合、拉衫；训练圆场和台步；训练念白和唱功；全方位练习及排戏。

(四) 凤凰湖舞蹈队

课程目标：掌握简单的舞蹈基本手位、脚位、舞步，动作基本准确；发展柔韧性和协调性，树立大胆自信的个性；增进肢体的灵活性，培养群体的合作精神；增强对舞蹈的兴趣，提高节奏感；培养初步的舞台表现能力，增强他们的表现欲。

课程内容：训练勾绷脚、擦地、蹲、吸腿等基本功；训练反应力、动作的协调性；训练大踢腿（前旁后）、基本姿态、舞姿；训练身、跳、翻、转等舞蹈技巧；进行不同脚位站立、脚腕训练、胯关节训练，腰的训练、胯的训练，压腿和跑腿训练，走跑跳训练，少儿基本舞步训练，身段组合训练。

（五）凤凰湖竖笛队

课程目标：学会正确的呼气、吐气方法，并能用正确的口型吹奏竖笛；学会竖笛的吹奏技巧、熟悉简谱及简单的乐谱，并能相互配合吹奏简单的两声部乐曲；培养识谱能力、吹奏能力、声部间的合作能力；培养自学能力和创造性思维。

课程内容：掌握竖笛的各部位名称、吹奏姿势、吹奏口形、演奏指法等基本知识；能够用吐音、连音干净有表情地吹奏竖笛曲，并以此为起点掌握竖笛的基本吹奏技巧。

第四节　铺设润泽心灵的阶梯

依据《义务教育音乐课程标准（2011 年版）》的精神，音乐教育需要显现出它的内在灵魂。"谐美音乐"的课程也是按照这个培养方向设置和实施的。在音乐的"欣赏"中感受与分析音乐的情感和逻辑；在音乐的"表演"中磨练音乐演奏和演唱的技能以及培养坚持不懈的人格素养；在学习"音乐文化"中感受和体验本土音乐文化的厚重，拓宽对国外音乐艺术的了解等，通过多种路径丰富儿童的音乐视野。

一、搭建"谐美舞台"，强化音乐之行

音乐教学是音乐艺术的实践过程。因此，所有的音乐教学领域都应强调学生的艺术实践，积极引导学生参与演唱、聆听、综合性艺术表演和即兴创编等各项音乐活动；在多元的音乐环境中，通过各种方式发现自我、展现自我；感受音乐带来的乐趣、自信、

成就感。

"谐美舞台"是儿童的舞台。小学生天性活泼、好奇心强、想象力丰富，他们对音乐的感受总是通过各种动作表现出来。因此，在小学音乐教学中，为了让课堂成为学生充分展示生命智慧的舞台，教师要为学生提供平等、宽松、自由的课堂氛围，给学生提供一个自由活动的空间，让他们插上想象的翅膀，尽情地施展自己的才华。

"谐美舞台"是灵动的舞台。它是互动生成的舞台，充满活力，充满生机；它是开放融合的舞台，展示自我，提升自信。利用音乐课堂宽敞有镜子的优势，将音乐课堂搭建成个人展示的小舞台，在轻松愉快的教学中，学生从中获得感悟和启迪，从而逐步变得有灵气、有悟性。

"谐美舞台"是美好的舞台。它追求生命成长之美，关注教育的随机生成，强化音乐活动，关注教师引导力度以及学生参与程度、学习深度、音乐表现灵活度。因此"谐美舞台"坚持每一堂课都给学生以生命成长之美的浸染，师生在有限的舞台实践中，走向无限的生命延展与完善。

二、 开发"谐美课程"，扎实音乐之基

为培养学生对音乐的感知和表现能力，打下一定的音乐基础，我校成立了丰富多彩的"谐美舞台"。以个人、小组或者班级的形式，展示所学的表演技能，走出表演的第一步。不定期地嵌入班级小组歌唱比赛、律动创编比赛、自制乐器展示等。以演促学，将表演融入到学生的日常艺术学习中，让学生站上并喜欢上互动的、展示自我的舞台。积极鼓励学生认识自己、展现自己、挖掘自己，借助小舞台焕发出更积极的生命活力。

"谐美课程"的开发基于教材。课程的开发是结合国家教学大纲的要求和教材、教参，把课程目标、课程设置、课程实施方法、教学评价等分步解读，结合儿童的身心发展特点，重新整合"谐美课程"的核心理念。

"谐美课程"的开发与实际生活联系紧密。引导学生在生活中探寻音乐的动静、长短、快慢等感知；感受音乐表达可以是悲伤、欢乐、诙谐、急促等多种多样的情绪。

　　"谐美课程"的开发在于聆听。通过聆听感受音乐是感知音乐的第一途径,聆听的方法就成为音乐教育的第一块"敲门砖"。聆听能力的培养也成了音乐教育中最重要的部分之一,因此,学校在欣赏课程设置中增添了许多如对照、比较、律动等课堂活动方式,让学生逐渐掌握聆听之法。

　　"谐美课程"的开发在于激活音乐文化。从社会需要、文化需求和学生自身涵养的需求出发,紧紧围绕本民族的音乐文化资源,充分利用学校文化,开设具有本校特色的"谐美音乐"课程。

三、 举办"谐美音乐节",乐享音乐之趣

　　"谐美音乐节"是结合核心理念开展一系列丰富的音乐活动,激发学生学习音乐热情,为学生提供演唱、演奏、编创的实践活动。通过多种音乐活动,培养音乐兴趣,积累音乐经验,提高音乐表现和创造能力。

(一)"谐美音乐节"的活动设计

　　结合学生的实际情况,"谐美音乐"课程开展了"校园歌手比赛""校园合唱比赛""竖笛演奏比赛""舞蹈比赛""音乐知识问答""歌曲创编比赛""粤剧艺术展演"等活动。学生通过多种多样的活动,能够感受音乐美、欣赏音乐美,从而达到创造音乐美的能力,促进全面发展。课程的设立与实施具体如下(见表5-3):

表5-3 "谐美音乐节"课程的设立与实施

课程名称	课程内容	组 织 实 施
校园歌手比赛	以校园歌曲为内容,学生自选曲目,自备伴奏。	班级内举行海选,推荐参加由音乐科组承办的决赛,根据实际情况评出奖项。
校园合唱比赛	以二声部以上合唱曲目为选曲内容。	以班级为参赛单位,由班主任组织选曲排练,音乐教师适当指导,在多功能厅举行比赛。将优秀队员吸纳到学校合唱团进行更为系统的学习。

续表

课程名称	课程内容	组 织 实 施
竖笛演奏比赛	以教材曲目为选曲内容，分低、中、高年级组。	竖笛演奏比赛，选手可以个人报名，可以小组报名，通过初赛、复赛两轮比赛，分别评出低、中、高三个年级组的前三名。
舞蹈比赛	以学习作品为主，鼓励编创作品。	分初赛和复赛两个阶段进行，初赛在各班进行，初赛后每班报送1个节目参加复赛，集中在多功能厅评出前三名。
音乐知识问答	以教材中涉及的乐理知识为内容。	采用笔试的形式，考查学生对乐理知识的掌握情况，既激起学生学习的兴趣，又能检测到学生掌握知识的情况。
歌曲创编比赛	鼓励作品自主创编。	通过书写曲谱与提交演唱录音，由音乐老师进行评比，对优秀的作品进行全校展览。
粤剧艺术展演	小凤凰曲艺社展演，全校学生体验粤剧。	通过小凤凰曲艺社队员的展演，引导全校学生当场体验与学习粤剧，培养学生对粤剧文化的兴趣。

（二）"谐美音乐节"评价方式

一个好的课程必须有一套系统的评价方案，这样才能使其发挥最好的作用。"谐美音乐节"从以下五个维度展开评价：活动开展、内容丰富程度、学生表现与体验、活动效果和人文情怀。具体评价量表如下（见表5-4）：

表5-4 "谐美音乐节"评价量表

评价项目	评 价 内 容	得分
活动开展 （20分）	1. 活动能激发学生学习和参与的热情。 2. 活动内容有利于培养学生感受美、欣赏美、创造美的能力。	
内容丰富程度 （20分）	1. 内容符合新课程标准的要求。 2. 学生在积极参与活动的同时，能够拓展和丰富自己的知识，提高对音乐的理解。	
学生表现与体验 （20分）	1. 在活动中，学生能够充分发挥自己的主观能动性。 2. 学生能够根据活动的要求，在获得知识的同时丰富情感。	

续表

评价项目	评 价 内 容	得分
活动效果 （20分）	1. 整个活动开展流畅,各个环节衔接紧密。 2. 通过活动不仅使学生能力得到提升,教师也能有一定的收获。	
人文情怀 （20分）	1. 通过活动的开展,体会音乐中所蕴涵的文化,增强学生对作词、作曲者的了解。 2. 通过活动的开展,帮助学生树立正确的人生观、世界观和价值观。	
综合评价		

四、 打造"谐美社团"，展露个性之美

"谐美社团"是以音乐社团的形式开展,作为学校课堂教育的外延,发挥着重要的作用。不仅能充分发挥学生的个性风采,锻炼学生的能力,还有利于塑造学生完善人格,更是学校精神建设的有力抓手。基于此,我校音乐学科试图以创办音乐社团为途径,满足学生个人发展需求,表现个性、展露风采,培养高远情怀。

（一）"谐美社团"的创建与实施

提升"谐美社团"是我们今后的发展方向,在现有的音乐师资力量基础上,开展校凤凰湖合唱团、小凤凰曲艺社（粤剧）。后面陆续增加凤凰湖舞蹈队、凤凰湖街舞社、凤凰湖管弦乐团。这一系列的社团将围绕着音乐要素开展,充分培养学生感受美、欣赏美、创造美的能力,让学生在活动中得到发展。

"谐美社团"是以"谐美音乐"的核心理念为基础,以国家课程标准为根本的学生社团活动。

"谐美社团"的设立：社团是由学生依据兴趣爱好自愿组成、教师按照学校章程组织开展活动学习组织,是学生开展学习活动、提高文化水平、提高文化自信心的重要途径,是我校打造"谐美音乐"品牌,创建特色学科的必然要求。

"谐美社团"的实施方法：人员固定,在学生自愿的前提下,由指导老师辅助组织学生开展活动,指导教师要做好学生的点名工作,保证学生的出勤率。每个兴趣小组的人数控制在20—50人之间;定目标,各个学生社团要根据总体实施方案,制订切实可行的学年活动计划,以每个学年为一个小周期,逐步形成参加学生梯队,形成学生社团活动开展的有序性和持续性;定内容,每个学生社团的活动必须严格按照计划执行,避免随意更改;定教师,平时的活动都由组内指导教师进行辅导,可采取主辅、分组、轮流等方式进行辅导;活动时间、地点固定,充分利用学校内的教室资源,固定活动地点开展音乐社团活动。具体社团内容设置如下(见表5-5):

表5-5 "谐美社团"内容设置表

课程名称	课程目标	课 程 内 容
凤凰湖合唱团	通过合唱作品的学习,提高学生欣赏作品和正确演唱的能力,丰富学生的心灵。	优秀中外作品的编排,定期参加校内外合唱比赛。
小凤凰曲艺社	通过戏曲基本功的学习和作品编排,提高学生对传统粤剧文化的理解和运用。	不断学习与训练唱念做打基本功,每学期编排1个以上作品。
凤凰湖舞蹈队	通过舞蹈的学习和作品编排,提高学生的音乐感性和表现能力。	训练基本功、协调性、舞蹈技巧;进行基本舞步训练,身段组合训练;每学期编排2个以上作品。
凤凰湖管弦乐团	通过学习,提高学生演奏水平和表现能力。	以竖笛为入门乐器,初步培养学生对吹奏乐器的兴趣,进而向管乐、弦乐层层深入。

(二)"谐美社团"的评价方式

为保证社团出成绩、提高水平,真正成为学校每一个人共同的社团,特制订相应的活动评价标准,主要从出勤情况、活动过程、活动效果、特色创新等维度进行评价。具体评价标准如下(见表5-6):

表 5-6 "谐美社团"活动评价量表

评价项目	分值	评 价 标 准	教师评分
出勤情况	20 分	实行签到制度，按时参加社团活动，不迟到，不早退。	
活动过程	20 分	目标明确，活动主题积极健康，内容丰富，形式生动，组织条理，过程有序开展，学生满意度高。	
	20 分	社员热情参与，气氛热烈，能充分发展自我特长，团结协作，在互动中提升自己。	
活动效果	20 分	能达成预期目标，形成自己的学习成果，积极参与社团成果展示交流。	
特色创新	20 分	成果作品有特色、有创新、有亮点。	
总体评价			

　　总之，我校"谐美社团"满足学生个人发展需求，表现个性、展露风采，培养高远情怀；提高学生对音乐基本要素的认知水平，为表演音乐、创作音乐打下基础；引导学生更深刻地认识音乐的不同表达方式，为更深层次的创造性培养打下基础。

第六章

创意美术：用"美"点亮儿童生活

　　用画笔表现所见所得是儿童生活中最为普遍的表达方式。伸出稚嫩的小手，描绘多彩的世界，表达心中的期望，在画面中感受着孩子们对世界的独特思考，这便是"创意美术"。尊重孩子的直观体验与表达意愿，感受丰富的媒材资源，在活动中体验不同材质美术作品带来的视觉感受，携手在活动中寻找美、发现美、欣赏美、创造美，是"创意美术"的追求。

凤凰湖小学美术组现有专任美术教师 2 人，美术组遵循学校课程理念，规划落实教研组活动和美术组活动，积极参加校外各级各类活动，师生先后获得诸多荣誉。我校依据教育部《义务教育美术课程标准（2011 年版）》，进一步推进美术学科课程群建设。

第一节　美术是流光溢彩的童年

一、学科性质观

《义务教育美术课程标准（2011 年版）》指出：美术课程以对视觉形象的感知、理解和创造为特征，美术是学校进行美育的主要途径，是九年义务教育阶段全体学生必修的基础课程，在实施素质教育的过程中具有不可替代的作用。

基于这种认识，我们认为美术课程的核心价值是：关注生活中的美术现象，培养人文精神，自由抒发情感，学会欣赏、理解、创造美，培养健康的审美观念和审美情趣，为学生人格的完整奠定基础。

美术教育的主要目的不是培养画家，而是通过美术教育开发学生智力，培养他们的观察力、想象力与创造力，培养他们对美的感受能力、欣赏能力以及审美兴趣和态度，同时培养他们的个性、思想情操和完善的人格，增强学生对自然和人类社会的热爱及责任感，促发创造美好生活的愿望与能力。

二、学科课程理念

依据《义务教育美术课程标准（2011 年版）》精神，结合我校艺术学科发展规划和实际情况，提出我校美术学科的核心概念为"创意美术"。

所谓"创意美术"，即"创意生活，以多彩的创意美术点亮生活"的课程。

(一)"创意美术"是儿童的美术

每个儿童都具有学习美术的潜能，他们能在不同的潜质上获得不同程度的发展。美术课程适应素质教育的要求，面向全体儿童，通过有效的学习方式与传统文化氛围的熏陶，帮助儿童在实践中逐步体会美术学习的乐趣，形成基本的美术素养与传承精神，为其终身学习奠定基础。

创意美术是一门追求美好人生真实美与传统文化历史美的课程；承载着对民族文化的传承与对美好生活的探索。在美术课堂教学中融入民族文化的知识已成为美术教育的重要任务，创意美术以文化多元性的方式培育儿童的生活之美、生命之美、梦想之美，进而点亮儿童生活，使儿童成为一名有梦想、有追求、有创意、有信念的小学生。

(二)"创意美术"是集趣的美术

"创意美术"的趣味性教学是"新课改"背景下课堂教学的一个有益尝试，它让课堂气氛变得轻松活跃，让学生乐学好学，调动学生主动性和积极性，在欢快的教学活动中锻炼动手动脑能力，体验成功的快乐。通过发挥美术教学特有的魅力，以灵活多样的教学方法激发学生的学习兴趣，并使这种兴趣转化为持久的情感态度。

"创意美术"是一门多元化的课程，主要体现为国画、剪纸、超轻黏土等课程媒材的有机结合，学生可以在同一主题下采用不同材质进行创意创作，也可以在不同主题下用同一材质进行创意创作。创作形式的多样性为"创意美术"的趣味性提供了有利条件。

(三)"创意美术"是生活的美术

在"创意美术"教学中，"生活经验"是创作的源泉。只有牢牢把握学生的生活经验，美术课堂教学才能真正让学生在美术活动中充分体会生活的美，享受自由创造的美。通过美术课程，学生观察生活、贴近生活，在生活体验中了解生活的丰富与趣味，取材于生活，展现于生活，提高学生对生活的热爱与向往。

(四)"创意美术"是创造的美术

"创意美术"重视对学生个性与创新精神的培养，采取多种方法，帮助学生学会运用美术将创意转化为具体成果。创新意识和能力是未来社会中人们应具备的最重要的品质之一，通过创作来培养独立思考和解决问题的能力，丰富的联想与想象力，周密的思考与计划能力，独特、流畅与变通能力。引导学生发展综合实践能力，创造性地解决问题。

"创意美术"是一门拥有个性培养独特性的课程，在尊重学生个性、创设宽松与自由的创作氛围下，鼓励学生多思考多评价，采用探究方式对课程进行学习与创作，在活动中更好地实现美术的育人价值。

在进行美术创作的过程中，引导学生学会认识美、学习美、创造美，在美术课程中表现独立的、流光溢彩的童年。

第二节　审美让生活缤纷璀璨

美在生活中自然存在，帮助学生拥有发现美的眼睛是美术教育活动中始终贯彻的准则之一，引导学生发现美、认识美、了解美、创造美，重视与剖析学生在美术教学中美的体验与感受，不断提高审美能力，让美贯穿生活，使生活丰富多彩。

一、学科课程总体目标

《义务教育美术课程标准(2011年版)》指出：美术课程总目标按"知识与技能""过程与方法""情感态度与价值观"三个维度设定。学生以个人或集体合作的方式参与美术活动,激发创意,了解美术语言及其表达方式和方法、运用各种工具、媒材进行创作,表达情感与思想、改善环境与生活、学习美术欣赏评述的方法,提高审美能力,了解美术对文化生活和社会发展的独特作用。学生在美术学习过程中,丰富视觉、触觉和审美经验,获得对美术学习的持久兴趣,形成基本的美术素养。

审美教育从四大学习领域进行呈现,主要由造型与表现、设计与应用、欣赏与评述、综合与探索四大领域组成。造型与表现学习领域是指观察、认识与理解线条、形状、色彩、空间、明暗、肌理等基本造型元素,运用对称、均衡、重复、节奏、对比、变化、统一等形式原理进行造型活动,增进学生的想象力和创新意识;通过感受各种美术媒材、技巧和制作过程的探索及实验,发展艺术感知能力和造型表现能力;体验造型活动的乐趣,敢于创新与表现,产生对美术学习的持久兴趣。设计与应用学习领域是指了解设计与工艺的知识、意义、特征与价值以及"物以致用"的设计思想;知道设计与工艺的基本程序,学会设计创意与工艺制作的基本方法,逐步发展关注身边事物、善于发现问题和解决问题的能力;感受各种材料的特性,根据意图选择媒材,合理使用工具和制作方法,进行初步的设计和制作活动,体验设计、制作的过程,发展创新意识和创造能力;养成勤于观察、敏于发现、严于计划、善于借鉴、精于制作的行为习惯和耐心细致、团结合作的工作态度,增强以设计和工艺改善环境与生活的愿望。欣赏与评述学习领域是指感受自然美,了解美术作品的题材、主题、形式、风格与流派,知道重要的美术家和美术作品,以及美术与生活、历史、文化的关系,初步形成审美判断能力;学会从多角度欣赏与认识美术作品,逐步提高视觉感受、理解与评价能力,初步掌握美术欣赏的基本方法,能够在文化情境中认识美术;提高对自然美、美术作品和美术现象的兴趣,形成健康的审美情趣,崇尚文明,珍视优秀的民族、民间美术与文化遗产,增强民族自豪感,养成尊重世界多元文化的态度。综合与探索学习领域是指了解美术各学习领域的联系,以及美术学科与其他学科的关系,将美术学科与其他学科融合发展,提高综合解决问题的能力;认识美术与自然、美术与生活、美术与文化、美术与科技之间的关系,进行探究性、综合性的美术活动,并以各种形式发表学习成果;开阔视野,拓展想象的空间,激发探索未知领域的欲望,体验探究的愉悦与成功感。

简而言之,我校的美术课程总体目标为：在美术课程活动中,了解美术专业术语并尝试对作品进行大胆的表述；提高审美能力,运用丰富媒材工具表现情感；感受生活,培养创意精神。

二、 学科课程年段目标

根据《义务教育美术课程标准(2011 年版)》,结合我校美术学科总目标、四大课程类型学习领域与一至六年级学生情况,我们对学情进行分析,设置了相应的美术课程目标(详见表 6‑1)：

表 6‑1　"创意美术"课程年级目标表

一年级学生学情分析		重抓习惯养成教育,培养学生在美术课堂中的学习习惯,重视想象画、主题画的训练,以发展学生丰富的想象力,能将自己所想象的表现在美术作品中。	
学段		一年级上学期	一年级下学期
一年级	第一单元	能用简短的话大胆地表达感受,尝试运用"色彩""花纹""形状"等美术术语进行评述。	引导学生能以直观的方式感受自然景象与艺术作品的造型与色彩,并且能用语言大胆地表达出来。
	第二单元	感受美术表达的多样性,让学生在参与造型游戏的活动中,关注自己和他人,激发情感,培养对美术的基本态度和行为方法。	感受美术表达的多样性；能通过多种方法大胆进行评述,尝试运用"色彩""花纹""形状"等美术术语。
	第三单元	能在"玩"中感受"泥的可塑性",认识立体造型。能运用纸黏土、泥巴或橡皮泥进行形体添加组合和简单的泥塑造型。学会小组合作,制作出一组立体作品,丰富作品的表现力。	感知形状的特征、变化与体验简单组合的绘画造型表现活动；促进学生大胆、自由地表达自己的观察和想象。
	第四单元	通过生活艺术纸立体的应用设计学习活动,引导学生形象地感知美术与生活、美与实用的关系,逐步形成艺术设计意识,促进美术创意表现和创新思维能力的发展。	对形状与色彩的感知、表达与简单组合；让学生在参与色彩游戏的活动中,感知"美术与自然、科技、生活"之间的联系,既渗透环保意识,又激发学生探索色与形的乐趣。

学段		一年级上学期	一年级下学期
	第五单元	了解自然科学知识，能用语言表达自己对大师作品深化故事的感受。尝试运用各种媒材，通过看看、画画、做做等表现所见所闻、所感所想，体验造型活动的乐趣。	学会寻找身边的媒材，运用合适的工具，采用剪、折、撕和贴等方法进行加工制作；培养创新意识及动手制作能力，让学生养成勤思考、爱动手、爱生活、爱创造的良好品德。
二年级学生学情分析		注重学生审美感受和视觉经验的培养，强调学生创新意识和实践能力的协调，发展学生的创新精神和实践能力，注重培养学生欣赏美、感受美、创造美的能力。	
学段		二年级上学期	二年级下学期
二年级	第一单元	欣赏和评述民间玩具和现代玩具的材质、造型、色彩，学习和运用美术欣赏评述的方法，并加以表现。	感受传统绘画与卡通形象不同的形式风格，训练学生与作品对话的能力。通过两课的直观对比，让学生明确卡通也是源于传统绘画，但比传统绘画更幽默、生动，丰富自己的审美体验。
	第二单元	通过以动物的童话为主题的想象画创作和玩具设计，培养学生的想象力和表现力。	综合运用点、线、面、色进行想象与创作，发展学生的形象思维能力。在把握技能要点的同时，更要关注学生合作、探索、创造等学习体验的活动过程，全面提升学生的审美情趣和艺术素养。
	第三单元	自然与生活是学生创作和表现的源泉。让学生在学习过程中，感受到大自然的花、草、树以及日常生活中常见的蔬菜瓜果与餐桌等，引导学生体验生活中的"艺术美"，感受生活的情趣。	学生通过观察水果的外形和切开后的内部形态，感知南北佳果形与色的特点，对果实中由点、线、色组成的图案纹理有初步的认识，培养学生的审美能力和艺术表现能力。
	第四单元	学习泥塑的方法塑造立体造型。均以黏土为主要材料，让学生运用基本形要素进行立体的器皿造型设计；感知立体泥人、浮雕面具的不同形态，并按照美的规律进行塑造；体验具象与抽象的表现方法，发展形象思维。	利用各种纸材进行简单的平面造型和组合装饰设计制作。在把握其技能要点的同时，关注学生合作、探讨、设计、制作等学习活动过程与此过程中形成的人文素养。
	第五单元	本单元的教学难点在于对点、线、色、基本形组合物象的表达；平面纸材到立体的剪、折、粘贴造型；在制作过程中，注重培养想象思维和设计意识。	以"学生与社会生活"为切入点，贴近学生的生活实际，注重材料的综合与探索，利用各种媒材，采用造型游戏的方式表现自己的想象，创作美术作品并表达自己的感受。

三年级学生学情分析		引导学生进一步体验周围生活和大自然的美感,激发学生美术表现和美术创造的欲望。学习简单立体物的表现方法,学习色彩表现方法,进行和自己生活贴切的设计与制作。	
学段		三年级上学期	三年级下学期
三年级	第一单元	能用简短的话大胆地表达感受。尝试运用"形状""材料""功能"等美术术语进行评述。	了解不同时代交通工具的发展过程,能用语言评述不同时期交通工具的异同,如造型、色彩、材料、功能与形式美等。
	第二单元	能运用点、线、色和大小对比的表现手法,描绘事物的形态、色彩、特点,并能进行简单的画面装饰。引导学生运用"变形"与"组合"进行对事物的创意表达与绘画创作。	感知景物前后遮挡的空间秩序排列;能运用美术造型快速表现交通世界物象的形态和色彩特征;感受人与交通世界的关系,激发创造与表现的情感。
	第三单元	初步认识线条、形状、色彩等造型元素,学习使用中国画工具和色彩间色的调和方法,体验水墨画和色彩变化的效果,获得自己的情感感受和体验。	能运用浅显的线刻、叠贴和拓印基本技巧,制作简单的儿童人物版画。学会表现人物不同表情、动态,培养学生细致观察和表现人物造型的能力。
	第四单元	逐步扩展各种媒材的综合运用,学习使用各种工具,体验不同媒材的立体造型效果。	感受纸张经过折叠、剪刻、镂空的设计得到的生动造型;让学生在百变剪纸乐园中体验民间剪纸的审美情趣。
	第五单元	教材呈现以"美术、人文、科技"为主题的相关摄影作品、大师作品、学生作品和学生活动情境,创设广泛的人文情境,让学生认识美术与生活的联系,了解美术表现的多样性。	让学生在参与创作的过程中,了解四季变化是大自然的科学现象,既培养学生自然科学的意识,又丰富了他们的审美创造能力。
四年级学生学情分析		加强美术基本功的训练,提高学生的美术素养,激发创造精神、陶冶高尚的审美情操。通过教学提高学生的动手能力,促进学生的智力和才能的发展,发展学生的形象记忆力、想象力、手工制作能力。	
学段		四年级上学期	四年级下学期
四年级	第一单元	了解民间美术的分类、制作方法、造型、色彩、纹饰、材质、寓意,引导学生树立对民间美术文化的审美观和价值观。	欣赏以"优美"和"崇高"为主题的各种美术作品的形式、材质和内容特征,能用口头或书面语言对音乐情境中的欣赏对象进行视觉描述,说出特点,表达感受。

续表

学段		四年级上学期	四年级下学期
	第二单元	了解泥的可塑性，通过"揉、搓、捏、压、刻、贴"等泥塑技法表现植物、动物，学会对具象的自然形进行夸张变形、概括表达，培养学生热爱大自然、热爱生活、关注他人的行为品质。	以学生熟悉的日常学习用品为观察和创作的对象，培养学生观察基本几何形体构成物件的方式与特点，并学会以手绘和手工艺制作的方式加以表现。
	第三单元	引导学生观察生活，利用厨房的各种再生资源，进行平面与立体的想象创作与装饰美化；培养学生的创新思维、想象能力和动手能力。	认识多种美术作品的艺术风格、表现形式、造型特点及处理方法，学习模仿其表现方法和风格特点进行再创作。
	第四单元	学习传统的水墨画技法，并用来表现荷花、黑天鹅和大自然的树木。水墨画技法的运用是教学重点，观察动物和植物的外形和结构特征，思考如何运用水墨画技法进行表现是兴趣点。	以多种版痕、印迹的体验为主要内容，让学生体验版画、颜料、印纸、绘画之间的关系。教材通过对不同类型版画作品的内容、技法和风格的欣赏和分析，培养动手能力和创造能力。
	第五单元	认识与理解线条、形状、色彩、空间等基本造型元素，能根据主题，运用夸张的手法，创作表现"我"的神情和动态的图画日记。	以剪纸作品创作为显性内容，以"人与自然"为隐性教学内容，以中外艺术家的优秀剪纸作品引入，感知多元的剪纸艺术魅力，激发学生对剪纸艺术的热爱。
五年级学生学情分析		初步认识形、色与肌理等美术语言，学习使用各种工具，体验不同媒材的效果，能够通过思考、讨论、对话等活动引导学生在美术创作活动中，创造性地运用美术语言，并通过美术学习加深对文化和历史的认识，加深对艺术的社会作用的认识，树立正确的文化价值观，涵养人文精神。	
学段		五年级上学期	五年级下学期
五年级	第一单元	尽情欣赏画家笔下的美好世界，从中体验自然美以及劳动改造世界、创造世界的力量；另一方面仔细欣赏画家笔下的劳动者，了解画家塑造劳动者的形式和手法。	感知国内外美术作品中人物的面部情感及动态表现，充分感受中西方美术作品中人物的丰富情感及历史再现。
	第二单元	以儿童装饰画创作的造型活动为中心，引导学生运用绘画、剪刻、印染等多种艺术手法。	创造性地运用点、线、面、色的造型元素来表达不同的生活感悟和学习体验。

学段		五年级上学期	五年级下学期
	第三单元	要学会运用泥、纸、泡沫、塑料等多种媒材，创作动物、人物和景物等立体造型作品。通过欣赏民间彩塑和砖雕艺术，体验泥塑造型的乐趣。	学习表现物体的立体感和前后的空间关系。学习运用不同的线条与色彩表现各种物体的特征。结合生活实际，通过观察与体验，理解透视现象及其基本特征。
	第四单元	通过"正负图形的画面"和"奇思妙想"两课的学习，让学生感受意象作品中虚实相生和奇思妙想的巧妙，引导创造性思维训练，体验设计与创意的乐趣。	注重学习内容的知识综合，利用不同类别、不同层面的知识综合，使学科内、学科间的综合效应得到加强。培养学生耐心细致的学习态度、相互合作的工作作风和对民间传统艺术的热爱。
	第五单元	本单元以环保为主题，共设置了"呼唤环保小招贴"和"环保小发明"两课。"呼唤环保小招贴"一课侧重于从美术技能角度来教学生学会如何绘制环保小招贴，通过创意设计进行环保宣传，并关心身边的社会与生活。	通过设计和制作，培养学生的立体造型能力和动手能力，培养学生的审美情趣。
六年级学生学情分析		高年级美术侧重于美术欣赏，通过大量的欣赏内容来丰富学生的知识面，开拓学生的视野，学习美术和其他相关学科知识。在绘画方面注重技法能力的训练提高，其中，在掌握基本表现技法的同时感受美术学科的魅力。	
学段		六年级上学期	六年级下学期
六年级	第一单元	本课属于"欣赏评述"和"造型表现"学习领域，学习内容宽广，时间跨度很大，把传统教育中属于初中一年级第一课的内容，提前到小学六年级进行教学，虽然加深了课程的深度，但同时也显示了新课程学习的新颖性和超前意识。	认识著名神话故事中的人物形象，了解他们的造型特点和服饰特征。认识科幻故事中的人物形象，了解他们的造型特点和服饰特征，并能用线条描绘。
	第二单元	结合学生的生活经验和人们的文化生活，引导学生理解与亲自体验设计艺术的内容和形式，包括传统的、现代的、平面的、立体的、装饰的、实用的，高雅的、通俗的等，从中培养学生的设计思维和创新能力，加强应用工具与材料等操作能力。	对中外经典美术文化产生欣赏探究的兴趣。愿与同学分享构思资源，产生为祖国科技事业发展努力学习的愿望。

续表

学段	六年级上学期	六年级下学期
第三单元	感受中国画艺术笔法丰富、墨趣横生的独特魅力，学习画家如何运用中国画的写意技法来表现大自然和生活，鼓励学生大胆临摹创作。培养学生对大自然和中华民族传统文化的热爱之情。	抓住人物的外貌特征进行夸张的漫画。锻炼学生的条理性和耐性，培养对美的追求、美的创造的行为习惯。
第四单元	电脑绘制出有图像、有色彩的美术作品；本单元密切联系"美术与科技""美术与生活情趣"的课程取向，电脑本身就是现代社会的科技产物，而电脑美术作品题材均取自社会生活，生活气息浓郁，情感色彩强烈。	欣赏各大洲有代表性的艺术作品，认识具有鲜明地方特点的美洲、大洋州文明。理解和欣赏不同文化艺术，感受艺术的文化价值。
第五单元	了解美术学科与音乐、戏曲等学科的联系，学会以民族文化为中心，探究民族乐器、皮影戏和戏曲人物的相关造型、色彩、审美、制作工艺等方面的知识，增强综合解决问题的能力。培养热爱和继承民族优秀文化遗产的思想感情。	培养学生综合运用形象、色彩、构图和文字进行设计的基本能力。培养学生热爱母校、热爱学习、善于创造的良好品德与能力。引导学生学会表达情感，学会感谢恩师。

第三节　呈现创意多样的艺术畅想

基于学科课程总体目标与学科课程年段目标，建立以下学科课程框架：

一、学科课程结构

依据《义务教育美术课程标准（2011年版）》的相关要求，围绕美术学科"造型·表现""设计·应用""欣赏·评述"和"综合·探索"四个方面，结合我校课程理念，在

"创意造型、创意设计、创意欣赏、创意生活"四个方向进行课程构建,具体如下(见图6-1):

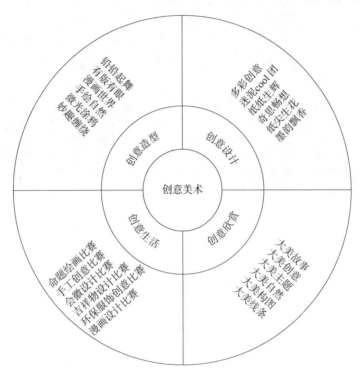

图6-1 "创意美术"课程构建图

"创意造型"是通过各种美术媒材、技巧和制作过程的探索以及实验,观察、认识与理解线条、形状、色彩、空间、明暗、肌理等基本造型元素,运用对称、均衡、重复、节奏、对比、变化、统一等原理进行造型活动,增进想象力和创新意识,发展艺术感知能力和造型表现能力。

"创意设计"是了解设计与工艺的知识、意义、特征与价值以及"物以致用"的设计思想,知道设计与工艺的基本程序,感受各种材料的特性,进行初步的设计和制作活动,体验设计、制作的过程,发展创新意识和创造力,增强善于发现问题和解决问题的能力。

"创意欣赏"是了解美术作品的题材、主题、形式、风格与流派,知道重要的美术家和美术作品,学会从多角度欣赏与认识美术作品,逐步提高视觉感受、理解与评价能力,初步掌握美术欣赏的基本方法,能够在文化情境中认识美术。

"创意生活"是通过美术学科与其他学科融会贯通的方法,提高学生综合解决问题的能力。养成勤于观察、敏于发现、严于计划、善于借鉴、精于制作的行为习惯和耐心细致、团结合作的工作态度,增强以美育改善环境与生活的愿望。

二、 学科课程设置

"创意美术"课程是结合美术学科不同种类作品进行联系,针对我校学生实际情况量身打造的课程。将六个年级分成一二年级、三四年级、五六年级共三个学段,所有课程依据各学段学生学情,由易到难、由浅入深,贯穿三个学段,根据不同学段的知识储备和学生需求设定不同的课程内容,由各学段任课老师组织实施,具体如下(见表6-2):

表6-2 "创意美术"课程设置表

学期 \ 课程		创意造型	创意设计	创意欣赏	创意生活
一二年级	上学期	妙趣缠绕	多彩创意	大美线条	命题绘画比赛
	下学期	微光涂鸦	迷泥 cool 团	大美构图	手工创意比赛
三四年级	上学期	手绘自然	纸纸生辉	大美自然	会徽设计比赛
	下学期	漫画世界	奇思畅想	大美主题	吉祥物设计比赛
五六年级	上学期	有版有眼	纸尖生花	大美创意	环保服饰创意比赛
	下学期	铅铅起舞	墨韵飘香	大美故事	漫画设计比赛

三、 学科课程内容

围绕美术课程设置,依据儿童身心发展规律,我校展开学科课程内容解读,具体如下（见表 6-3）：

表 6-3 "创意美术"课程内容目标简介

课程类型	课程名称	课程目标	课程内容
创意造型	妙趣缠绕	进行线条训练，锻炼控笔能力，训练线条造型。	缠绕画
	微光涂鸦	通过不同的材料观察、认识、感受明暗对比。	刮画
	手绘自然	感受自然界的美丽景色，并尝试写实。	写生
	漫画世界	激发想象力，延长绘画主题，形成故事线。	漫画
	有版有眼	感受凹凸的肌理带来的明暗造型对比。	版画
	铅铅起舞	学习简单素描理论基础，感受物体质感。	彩铅
创意设计	多彩创意	感受不同材料的特性，进行综合设计和制作。	综合材料
	迷泥 cool 团	了解黏土材料特征，并进行初步的设计和制作。	超轻黏土
	纸纸生辉	感受纸浆画由湿到干的特性，并尝试设计制作。	纸浆画
	奇思畅想	在有主题的情况下发挥想象力，将主题变形设计。	畅想画
	纸尖生花	感受剪纸作品的镂空对比，通过设计，制作作品。	剪纸
	墨韵飘香	感受水墨之间的相融关系，体验传统绘画。	国画
创意欣赏	大美线条	感受中西方名家作品，感受了解不同的线条运用。	欣赏名家线条
	大美构图	感受中西方名家作品，欣赏中西方不同构图。	欣赏名家构图
	大美自然	感受中西方名家作品，欣赏不同绘画的写生方法。	欣赏名家写生
	大美主题	对比中西方名家作品，欣赏同样主题下不同设计。	欣赏名家主题
	大美创意	欣赏感受中西方名家不同材质作品的设计。	欣赏名家设计
	大美故事	学习并了解中西方美术史的一些趣味故事。	了解中西美术史
创意生活	命题绘画比赛	培养学生在命题下，不限材料的创意绘画设计力。	命题比赛
	手工创意比赛	无命题自主设计，不限材料进行创意手工设计。	综合材料比赛
	会徽设计比赛	在形状有要求的前提下锻炼平面设计能力。	设计艺术节会徽
	吉祥物设计比赛	在结合背景、主题、地域性前提下锻炼设计能力。	设计运动吉祥物
	环保服饰创意比赛	锻炼动手设计能力，培养自信心。	设计环保服饰
	漫画设计比赛	培养叙事能力和全局意识。	设计漫画故事

美术学科通过构建"创意课程"、举办"艺术月系列活动"、开展"创意生活"活动等多种路径推进课程实施。通过"创意课程"的构建与开展，在活动中寓教于乐，共同营造丰富的校内外环境美育创设。

一、 构建"创意课程"，融合多元美术

"创意课程"的核心理念：以学生为中心，培养学生思维能力与想象能力，以主题形式贯穿学科知识，以活动带动课程，在实践中体验创作乐趣，结合我校理念与美术学科学情，我们提出"创意课程"概念。

全面发展是教育的最终目的。美术教育是一种综合性教育，它通过感性与理性、动脑与动手、艺术和科技、智力与非智力因素等方面，在促进人的全面和谐发展中起着重要作用，"创意课程"则为学生提供发现美的眼睛，善于观察、大胆创想，为学生提供各种各样的材料，激发学生创作的欲望，让美术活动更加富有创意。

"创意课程"提升视觉美感。视觉美感是美术教育的重点表现形式，通过视觉感受色彩与不同物体间的趣味组合，感受"创意课程"魅力，增强学生对美术学科的兴趣，提高学生的观察能力，运用视觉形象表达创造思维，实现图形创意，为"创意课程"提供丰富的素材来源与基础。

"创意课程"丰富灵感来源。在美术创作的过程中，通过联想与想象，激发学生兴趣，引导学生发散思考，运用思维导图或头脑风暴的方式，对形状进行联想与创作，为"创意课程"提供更多的灵感来源。

"创意课程"培育创作乐土。美术创作在展现作品的同时也在传达作者的观念，在

美术教学的过程中，引导学生欣赏分析作品的背景、主题、思路与内涵，在教学活动中不断积累美感与灵感，在学习优秀作品的同时开拓思维，培养创意性思维能力，为"创意课程"提供更多有意义的作品。

二、 建设"创意课程"，丰富美术学科课程内涵

为培养学生的创造性思维与图像创意表达能力，我校成立了趣味生动的"创意课程"，课程的核心理念是：培养学生美术艺术的兴趣，启发学生运用各种艺术手段与材料表达自己的情感，想象并创作出新颖、独特、有创意的美术作品。

"创意课程"的开发源于教材。课程的开发结合国家教学大纲要求，配合教材教参资源，对课程目标、课程设置与课程实施进行讨论与分析，结合学生的身心发展特点与学校美术学科教师所长，促使学生在"创意课程"中获得充分的个性化发展。

"创意课程"的开发与实际生活息息相关。引导学生在生活中多观察、多思考、多联想、多实践，发挥学生主体地位，在活动中发现美、认识美、创造美，拥有发现美的眼睛，积极主动营造校内外环境创设。

"创意课程"的开发注重表达。作品的效果呈现不仅是"创意课程"的重要检验标准，同时也是学生情感表达的重要方式，鼓励学生勇于创作、表达与分享，培养学生的创作热情与信心。

"创意课程"的开发注意资源的整合，合理运用生活资源、自然资源、图书资源与网络资源，根据课程需求与学生兴趣，合理运用多方资源，开设具有本校特色的创意美术课程。

三、 举办"创意艺术月"，感受艺术之美

"创意艺术月"突出学生的主体性，提高学生的学习兴趣、实践能力变得尤为重要。基于此，我们开展多种多样的美术活动，让学生参与其中，运用技能尽情创意，在乐中

学,在乐中思,感受艺术之美。

　　"创意艺术月"中美术课程以"艺术月会徽设计比赛""主题绘画比赛""美术作品展""环保服饰创意比赛""亲子师生名画模仿秀"等活动落实。通过活动巩固学生的技法,拓展学生的创作思维,并能把理论知识转化成运用于生活之中的实践能力,具体如下(见表6-4):

表6-4　"创意艺术月"课程的设立与实施

课程名称	课程内容	组织实施
会徽设计比赛	为创意艺术月设计会徽	艺术月进行设计会徽比赛,作品将获得展出的机会,入选作品则直接喷绘在背景板上
命题绘画比赛	每次比赛设计不同主题进行绘画创作	各班推选3幅以上的作品参加学校评选,最终在美术展上展出
手工创意比赛	每次比赛规定不同手工材料,进行比赛	各班推选3幅以上的作品参加学校评选,最终在美术展上展出
漫画设计比赛	在规定格数下完成一个漫画故事的创作	各班推选3幅以上的作品参加学校评选,最终在美术展上展出
吉祥物设计比赛	为艺术月设计吉祥物	艺术月进行设计吉祥物比赛,作品将获得展出的机会,入选作品则直接喷绘在背景板上
环保服饰创意比赛	设计环保服饰,并参与舞台演出	利用环保物品进行服饰设计,并实际做出成品,最终以文艺汇演形式展出
亲子师生名画模仿秀	学习名画作品,对背景、主题、构图、表现手法多方面学习与评价,提高审美意识,运用绘画或模仿多种方式进行呈现与表达	利用常见的物品为名画模仿提供道具,主要在暑寒假进行开展,以公众号或展示墙的方式进行宣传布置

四、打造"创意社团",展露个性风采

　　"创意社团"是富有趣味性、创造性的社团活动,是校本课程的主要部分,发挥着重

要的作用。不仅给予学生主动选择兴趣的机会，同时也充分发挥学生的个性风采，有利于学生发展成为全面的人。基于此，我校美术学科通过创办社团为途径，满足学生个人发展需求，在综合课程中展现个性。

打造"创意社团"精品课程是我们努力的方向，在艺术科组所有教师的研讨下，利用美术课程的特色，打造专业的特长发展，培养学生的综合素养。特创迷泥 cool团、纸尖生花、有版有眼等艺术社团，涵盖黏土、衍纸、剪纸、版画等领域，具体如下（见表6-5）：

表6-5 "创意社团"学习实施内容

社团名称	学 习 内 容
迷泥 cool 团	学习黏土制作，利用黏土完成创意大师画、创意手工作品等。
纸尖生花剪纸社团	学习剪纸技巧并将设计与剪纸融合，设计出具有传统与现代结合的剪纸创意作品。
有版有眼社团	学习版画制版过程，设计丰富的趣味版画作品。

五、 开展"创意实践"，践行知行合一

美术是实践性很强的课程，"创意实践"为学生提供了展示自我的舞台，通过与创意艺术月的结合，将学生的作品展示在校园中，向所有来校人士展示，展现自我，提升自信。"创意实践"主要体现为举办美术作品展示、参与国家、市、区各级举办的创意绘画比赛、进行校内创意环创等做法。

（一）举办美术作品展示

美术作品展是学生进行实践展示的主要途径。定期将学生的作品进行艺术装裱并贴于校内宣传栏上或学校中庭广场中，展示"创意实践"美术作品展的成果。

（二）参与国家、市、区各级举办的创意绘画比赛

积极参与创意绘画比赛，在活动与实践中表现自我、检验效果并了解学习优秀"创意绘画"的表达方式与呈现效果，为"创意课程"实践活动提供坚实的理论基础。

（三）进行校内创意环创

利用校内公共环境为"创意课程"和"创意实践"提供广阔的实践平台。

六、开启"创意寻美"，追逐大美艺术

"生活中不缺少美，缺少的是寻美的眼睛"。创意寻美就是培养学生发现生活之美。"创意寻美"的做法主要是将学生带出教室，走进校园美景中，寻找校园之美，发现自然之美，将美丽的校园描绘出来。

（一）凤凰湖寻美。组织学生进入凤凰湖公园，在公园中，寻找自然之美，发现自然之美，将生态美景用艺术的手法表现出来。

（二）美术馆寻美。制定假期计划，进行家校互动，在假期完成亲子互动，由家长带学生去美术馆或美术展进行参观，回来后每个学生总结体会，写一篇观后感。

七、传承"创意广府"，品味传统之美

凤凰湖小学作为广州的小学，传承广府文化的地域性精神。广府文化中包含多种美术工艺，如广绣、剪纸、珐琅彩等，传承广府文化，最好的方法是让下一代人有机会接触与了解广府文化，让他们知晓广府文化的"根"，体验广府文化的"涵"，感受广府文化的"情"。

"创意广府"的主要做法是学校开设广绣、剪纸课程，一周一节，并邀请传承人老师进行现场授课，课后组织学生去陈家祠等广府文化博物馆参观，学习广府文化的历史。

总之，"创意美术"旨在提高学生的综合素养；通过打造"创意课堂"这一平台，践行"创造生活"，以多彩的"创意美术"点亮生活的课程理念；是对国家课程的补充和延伸。我们坚信，通过"创意美术"课程的实施，定能提升学生的美术专业技能和综合素养，使学生全面发展。

第七章

纯真品德：感受纯粹而真实的品德世界

民之秉彝，好是懿德。百行德为先，在人类发展过程中，纯真、善美的品德一直为人们所追求和歌颂，良好的品德教育对学生一生的发展具有深远意义。通过"纯真品德"课程，学生感受纯粹而真实的品德世界，逐步形成良好的品德行为与习惯，滋养品格，荡涤心灵，盈科而后进，朝着人生理想前行。

凤凰湖小学品德组由 15 名教师组成，他们秉持"让儿童感受纯粹而真实的品德世界"的课程理念，认真开展教研活动和备课活动，摸索品德学科特色，结合《中小学德育工作指南》《中小学生日常行为规范》《新版课程标准解析与教学指导》《义务教育品德与生活课程标准（2011 年版）》《义务教育品德与社会课程标准（2011 年版）》等文件精神，推进我校品德学科课程建设。

第一节　品德是儿童人生的灯塔

一、 学科性质观

良好的品德是人类自身的发展需要，也是人类文明进步的重要标志。随着我国综合国力的提升，加强公民的道德教育，提升公民的道德素质是现代化建设的重要保证。因此，基础教育把思想品德教育放在突出的位置。

小学阶段是儿童思想品德发展的重要阶段，是儿童行为习惯、生活态度和认知能力发展的重要时期，良好的思想品德教育对其一生的发展具有深远的意义。思想品德教育根据社会与时代发展的需要设计课程，使儿童形成良好的品德和行为习惯，学会生活、学会做人；引导儿童与自我、社会、自然相融合，形成积极的人生观、世界观和价值观。

二、 学科课程理念

《义务教育品德与生活课程标准（2011 年版）》指出，品德与生活课程的核心价值在于引导儿童热爱生活、学会关心、积极探究，在对生活的体验、认识、感悟中形成良好的道德品质和行为习惯，发展创新意识和实践能力。《义务教育品德与社会课程标准

(2011年版)》指出，品德与社会课程的核心在于帮助儿童参与社会，学会做人。道德与法治课程更强调了法制教育对儿童的重要性。三者的共同点在于关注儿童的自然生活、社会生活，强调儿童经验的重要意义。

基于此，我校思想品德学科提出"纯真品德"的课程理念，品德是儿童的灯塔，助力儿童树立正确的三观，在人生的海洋里朝着灯塔前行，学会生活、学会做人，与自我、社会、自然相融合。

（一）"纯真品德"是儿童的品德

道德寓于儿童生活的方方面面，儿童品德的形成源于他们对生活的体验、认识和行动。因此，"纯真品德"以儿童为主体，以了解儿童作为教学的基础，认可和尊重儿童的精神世界，以儿童的生活作为教学的素材源泉，针对性地开展属于儿童的品德教育。

（二）"纯真品德"是生活的品德

"纯真品德"重在引导儿童热爱生活、学会关心、积极探究，以儿童的生活素材为源泉，使儿童在体验自身生活和社会生活的过程中感受生活的乐趣，热爱生活，学会创新，学会生活。

（三）"纯真品德"是心灵的品德

关注儿童的真实生活，关注儿童不同成长阶段的心路历程，提供"润物无声"的引导与感化，帮助儿童突破成长过程中心灵的"雾霾"，健全人格，成为具有良好道德品质的社会主义合格公民。

围绕"纯真品德"的核心理念，打造纯真的品德学习环境，让儿童成为体验的主体，树立纯真品格。

第二节　行为与品格欣欣向荣

《义务教育品德与生活课程标准(2011年版)》指出：品德与生活课程以培养具有良好品德与行为习惯、乐于探究、热爱生活的儿童为目标。为促使儿童形成良好的道德品质和良好的行为习惯，品格与行为双向成长、欣欣向荣，设置了以下品德学科课程的目标。

一、学科课程总体目标

依据《义务教育品德与生活课程标准(2011年版)的目标要求，我校品德教研组从"情感与态度""行为与习惯""知识与技能""过程与方法"四个维度进行目标设置，开展校本化课程，促进学生的良好品德发展，构筑纯真品德世界。

1. 情感与态度。培养儿童爱亲敬长、爱集体、爱家乡、爱祖国；珍爱生命，热爱自然，热爱科学，形成自信向上、诚实勇敢、有责任心的美好品质。

2. 行为与习惯。培养儿童初步养成良好的生活、劳动习惯，遵守纪律，并且乐于参与有意义的活动，培养丰富的创造能力和实践操作能力。

3. 知识与技能。掌握生活需要的基本知识和劳动技能，了解生活中的社会、自然常识，逐渐形成初步的探究能力。

4. 过程与方法。在生活中体验提出问题、探索问题、解决问题的过程；初步体验与社会生活相联系的学习过程；尝试用不同的方法进行探究活动，并尝试运用于实践。

二、学科课程年段目标

小学开设思想品德课程，从行为习惯、文明礼仪、道德品质、法律法规等方面入手，

引导学生养成良好的习惯,达到以下目标(见表7-1):

表7-1　各学期思想品德课程目标表

学段	上学期		下学期	
一年级	单元一 我是小学生啦	体会成为小学生的角色变化,适应并喜欢学校生活。 初步学习认识新朋友、适应集体生活的方法。	单元一 我的好习惯	体会仪表整洁的重要性,养成文明整洁习惯。 养成珍惜时间的习惯。 初步学会有计划、有效率地学习和生活。
	单元二 校园生活真快乐	对小学生活充满憧憬。 熟悉校园环境。 进一步熟悉老师和同学,消除陌生感和差怯感。	单元二 我和大自然	亲近大自然,乐于探索大自然。 遵守社会公德。 亲近动物,珍爱生命。
	单元三 家中的安全与健康	懂得家庭安全的重要性,树立安全防范和自我保护意识。 了解常见安全问题及原因。 初步具有家庭安全防范能力和自我保护能力。	单元三 我爱我家	正确称呼家人,感受家人间的深厚情谊。 体会家人的爱,学会表达爱。 初步养成主人翁意识和责任感。
	单元四 天气虽冷有温暖	观察生活,了解冬天。 了解自然与人们生活的联系。 体会节日活动的热烈和美好。	单元四 我们在一起	懂得班集体是"家"。 懂得感恩、分享,传递友爱。 理解诚实守信的重要意义。
二年级	单元一 我们的节假日	品味暑假的快乐,对新学期的生活充满信心。 正确处理学习与休息、娱乐之间的关系。 初步了解祖国概况,了解国庆节、中秋节的来历和习俗。	单元一 让我试试看	面对挑战,敢于尝试。 传递快乐,学会创造快乐。 认识常见植物种子,体会植物的生长过程。
	单元二 我们的班级	热爱同学、老师和班集体,感受友爱之情。 认识规则的重要性。 认真完成集体任务,热爱集体。	单元二 我们好好玩	培养合作意识和创新精神。 了解传统游戏,感受魅力。 尝试给传统游戏定新规则,玩出创意。 能预见危险,提高自我保护的能力。
	单元三 我们在公共场所	认识学校里的公物,爱护公物。 保护环境,在生活中身体力行。 养成文明说话的习惯。	单元三 绿色小卫士	知道水的珍贵,保护水资源。 认识纸的重要性,养成节约惜纸的良好习惯。 了解环保的意义,养成环保习惯。

续表

学段		上学期		下学期
	单元四 我们生活的地方	了解祖国各地的物产,增强热爱家乡的情感。 了解家乡人的生活和优秀人物,尊重和热爱家乡人。 关心家乡的发展变化,激发为家乡做贡献的愿望。	单元四 我会努力的	懂得"我能行"的含义和表现,培养自信心,学会欣赏他人和自己认识学习有方法。 了解"坚持"的重要性,学会坚持。
三年级	单元一 快乐学习	树立终身学习的理念,学习并掌握适合自己的学习方法。 克服学习的困难,学习战胜困难的方法。 树立学习自信心,养成良好的学习习惯。	单元一 我和我的同伴们	认识自己,了解自己。 了解同学的特点,意识到人的不同,理解和尊重别人。 感受同学相伴的快乐,珍惜友情。
	单元二 我们的学校	了解学校空间环境和组织机构。 了解老师工作的辛苦,体会老师对学生的爱。 积极参与学校公共生活。	单元二 我在这里长大	了解自己生活的地方。 懂得与邻居和睦相处。 了解家乡的自然环境和人文环境,热爱家乡。
	单元三 安全护我成长	体会生命的来之不易。 了解基本的交通规则,学会基本的自护自救方法。 了解生活中的危险,学会自救。	单元三 我们的公共生活	感受友谊的珍贵。 了解规则的作用,自觉遵守规则。 体会关爱,能主动传递爱。
	单元四 家是最温暖的地方	感恩父母的爱与付出。 认识自己与家庭成员的关系,热爱家庭。 了解家庭的发展变化。	单元四 多样的交通和通信	了解交通工具,遵守交通规则。 增强低碳出行的意识。 遵守通信中的道德规范。
四年级	单元一 与班级共成长	增强对班级的归属感。 知道班规的重要性,参与制定班规。 理解班级间合作的积极意义。	单元一 同伴与交往	了解诚实守信的重要性。 养成诚信的习惯。 懂得体谅他人。
	单元二 与父母分担	理解父母的辛苦,主动分担家务。 学习家务小妙招。 主动为家庭生活做贡献。	单元二 做聪明的消费者	掌握购物技巧和习惯,合理消费。 养成勤俭节约的习惯。 了解浪费造成的危害,避免浪费。

续表

学段		上学期		下学期
	单元三 信息万 花筒	正确看待电视的利弊。 遵守网络文明公约,安全、文明地上网。 学习有效利用网络。	单元三 美好生 活哪 里来	了解农业生产的过程与艰辛。 体验工业生产的便捷性。 体验各行各业劳动者的艰辛,尊重普通劳动者。
	单元四 让生活 多一些 绿色	了解白色污染,提高保护环境的意识。 认识垃圾分类的意义。 有创意地节约和再利用资源。	单元四 感受家 乡文化, 关心家 乡发展	认识传统的节日风俗,增强民族自豪感。 了解家乡的建设。 激发主人翁意识和责任感。
五 年 级	单元一 面对成 长中的 新问题	培养独立意识。 尊重他人的意见和表达的权利。 学会自主选择课余生活。 提高对烟酒毒品的防范意识。	单元一 我们一 家人	了解与家人沟通的方式。 懂得在家庭中的责任分担,形成主人翁意识。 了解家风背后的中华民族传统美德和民族精神。
	单元二 我们是 班级的 主人	了解班委会的职责分工与作用。 积极参与班级管理。 形成合作探究解决困难的意识。	单元二 公共生 活靠 大家	了解身边的公共生活。 懂得维护公共利益的意义。 自觉遵守社会公德。
	单元三 我们的 国土,我 们的家 园	了解我国的地理信息、风景名胜,激发爱国之情。 正确认识我国新型民族关系。 培养学生民族自豪感和热爱祖国的情怀。	单元三 百年追 梦,复兴 中华	了解中华民族顽强的抗争精神。 了解民主共和之路。 理解中国共产党产生的历史必然性和社会主义的重要性。
	单元四 骄人祖 先,灿烂 文化	了解我国汉字的丰富性,增强文化自觉和文化自信。 感受我国古代领先世界的技术创造,增强民族自豪感。		
六 年 级	单元一 我们的 守护者	认识以法律为代表的社会规则。 了解法律规定的权利和义务。 认识宪法具有最高的法律效力。	单元一 完善自 我,健 康成长	尊重他人、尊重自己。 学会为他人着想。 了解宽容的内涵和意义,学会宽容他人。
	单元二 我们是 公民	重视并学会保护身份信息,提高保护信息的意识。 了解公民基本权利的含义与内容,懂得权利行使有界限。 懂得依法维护合法权益。	单元二 爱护地 球,共 同责任	认识保护生态环境及资源的重要性,提高环保意识。 了解自然灾害及原因。 学会保护环境的基本技能。

学段	上学期		下学期	
	单元三 我们的 国家机 构	了解国家机关不同机构的职能、运行规则。增强主人翁意识，懂得权力有边界。	单元三 多样文明，多彩生活	了解人类文明历史。了解文化的多样性。了解尊重各国的文化。
	单元四 法律保护我们健康成长	懂得不同年龄阶段在法律上不同的权利和要求。了解未成年人的特殊之处。识记维权途径，敢于依法维权。	单元四 让世界更美好	了解科学技术与社会发展的关系。了解国际组织的分类及作用。懂得不同国家和睦相处的重要意义。

第三节 荡涤心灵的品德社会

《义务教育品德与生活课程标准(2011年版)》《义务教育品德与社会课程标准(2011年版)》指出：始终把培养品德良好、乐于探究、热爱生活的儿童作为教学的出发点和归宿。基于"让学生感受纯真的品德世界"的教学理念，结合上述各学段课程目标，我校品德学科课程框架为：

一、学科课程结构

《义务教育品德与生活课程标准(2011年版)》指出，课程以儿童的生活为基础，以三条主线和四个方面构成课程的基本框架，培养儿童学会"健康、安全地生活""愉快、积极地生活""负责任、有爱心地生活""动手动脑、有创意地生活"。结合我校"着色生命，自由呼吸"的育人目标，统筹校内外资源，"纯真品德"学科课程分为"健康生活""愉快生活""责任生活""创意生活"四大板块，具体如下(见图7-1)：

图 7-1 "纯真品德"学科课程结构图

（一）健康生活

健康、安全地生活是儿童生活的前提和基础，旨在使儿童从小懂得珍爱生命，养成良好的生活习惯，获得基本的健康意识和生活能力。侧重于儿童个体生理、情感层面的发展，培养儿童良好的生活、卫生习惯和自我保护的意识、能力，适应并喜欢学校生活。

（二）愉快生活

愉快、积极地生活是儿童生活的主调，它旨在使儿童获得对社会、对生活的积极体验，初步懂得和谐的集体生活的重要性，发展主体意识，形成开朗、进取的个性品质，为其形成乐观向上的生活态度打下基础。

（三）责任生活

负责任、有爱心地生活是儿童自身的道德需求，也是社会的要求。旨在使儿童形成对集体和社会生活的正确态度，学会关心，养成良好的品德和行为习惯，为其成为爱祖国、爱社会主义的公民打下基础。

（四）创意生活

动手动脑、有创意地生活是儿童个性发展的内在需要，也是时代提出的要求。旨在引导儿童学会学习，发展认识能力、动手能力和创造性，创造性解决问题。

二、学科课程设置

思想品德学科围绕四大板块展开，依据儿童身心发展特点，形成不同层次和维度的"纯真品德"课程，具体如下（见表7-2）：

表7-2　"纯真品德"课程设置表

学期	内容	健康生活	愉悦生活	责任生活	创意生活
一年级	上	开始新生活 吃饭有讲究 运动小达人	校园多美好 礼貌用语 老师您好	小手拉大手 社会角色知多些 清洁小达人	选择轮 新年的礼物 四季如歌
	下	碰不得！ 不做"小马虎" 告别拖拉	分享真快乐 倾听与商量 一起画画吧	我爱我家 家务小能手 致谢小卡片	时间馅饼 创意屋 认识多彩服装
二年级	上	做个诚实的孩子 整理小能手 身体红绿灯	假期巧安排 鼓励树 情绪脸谱	美化教室之旅 出口不伤人 排队守规则	纸的世界 科学家的故事 花草精灵
	下	如厕讲公德 告别"小太阳" 挑战第一次	我爱我们班 开心果 学习有方法	竞争与合作 "借"VS"拿" 环境小卫士	城市美化师 东西南北 我们有新玩法
三年级	上	充电加油站 生活中的危险 粗心大魔王	拥抱自己 倾听与诉说 谢谢你，老师	爱护弱与小 垃圾分类 海纳百川	粤研粤有趣 小小导游家 文明观影
	下	观察有目的 我能捡三不落四 社区的变化	生命最宝贵 父母很爱我 生活演说家	合作你我他 互助与分享 我爱我国	小小探险家 昆虫记 想象添翅膀

续表

内容\学期		健康生活	愉悦生活	责任生活	创意生活
四年级	上	我是能量源 演演我的生活 做事有主次	生活小帮手 风雨同舟 对人多赞扬	爱国历史 家务之旅 绿色小卫士	学会看导航 天气晴雨表 交通工具演变
	下	成长的变化 小小辩论赛 观察更仔细	出口不伤人 与人相处 心灵密语	社区实践 环保小达人 我记忆中的家乡	认识省会 环境美化师 井盖文化
五年级	上	男生女生大不同 了解真实的自己 严以律己	不攀比 短板也 OK 360°看问题	爱国小标兵 研学之旅 网络议事堂	养花达人 生活的小科学 夜观大自然
	下	优点大轰炸 合理作息 生活处处有规则	我是集体小主人 明星的背后 异性交往	社区小能手 城市美容师 和平小使者	自然密语 户外知识大比拼 生活中的小科学
六年级	上	班级潜力股 学习的乐趣 方法大探讨	生命的宝贵 爷爷奶奶讲故事 展望未来	谁是最可爱的人 与法零距离 小记者在行动	垃圾分类在行动 光盘我能行 研学之旅
	下	面对挫折 不做"烤鸭(考压)" 看到自己的进步	我的秘密 可爱的同学们 致敬恩师	今日视线 研学之旅 代表人民说说话	绿色畅想 打造环保之家 小小地球卫士

第四节　铸造明德惟馨的品德空间

《义务教育品德与生活课程标准(2011 年版)》及《义务教育品德与社会课程标准(2011 年版)》指出：思想品德学科课程的活动要选择适宜的活动形式,符合儿童的生活经验、认识能力、学习方式,重视活动的整合与建续,提高课程的实效性。因此,"纯真品德"学科课程本着生活性、活动性、综合性、开放性的原则,通过建构"纯真课堂"、搭建"纯真舞台"等方式,培养儿童良好的品德和行为,丰富儿童的品德学习。

一、 建构"纯真课堂"，彰显立德树人的主流思想

"纯真课堂"通过设计与儿童贴切的课程，培养儿童纯真的良好品质。纯真课堂中，教学环境舒适自然，不以任何功利性目的为主导；教师以丰富的互动内容取代片面的道德观念灌输及呆板的道德行为训练，从儿童的成长和需要出发，设计活动型综合课程，包括游戏、交流、实践等，塑造儿童健全的道德人格，呵护儿童纯真的天性。

结合《义务教育品德与生活课程标准（2011 年版）》及《义务教育品德与社会课程标准（2011 年版）》提出的课程标准和育人目标，"纯真课堂"主要从课堂教学、课程活动、文化渗透三方面提出要求。

课堂教学：面向儿童，始终以儿童为课堂主体，需要做到以下几点：一是清晰把握课程目标，注重儿童的心灵体验、行为与精神成长。二是认识教师的角色和作用，教师始终是儿童学习的支持者、合作者、引导者。三是以了解儿童为基础，掌握每个儿童的特点和身心发展需要。四是要掌握多种评价方式，多元化、发展化评价。

课程活动：选择适合儿童的生活经验、认识能力、学习方式的课程活动，与班级、少先队、学校、社区活动结合起来。加强与其他学科的联系，深化儿童的情感体验。

文化渗透：选择适合儿童学习的文化资料，了解中国文化，渗透中华民族优秀传统文化和民族精神，培养纯真品德。

二、 建设"纯真中队"，学习道德精神好榜样

建设"纯真中队"从"少先队建设""心灵旅程"两大模块开展体验活动，营造良好的文化氛围，提高学生的积极性，发掘闪光点，培养纯真品德。

1. 少先队建设：少先队各中队以节气命名，通过"雏鹰园地"、班牌和电子展示牌等文化阵地建设与节气特点相吻合的中队文化，辅以对应的节气活动。同时以"雏鹰

争章"的方式建立健全的中队激励机制，量化学生的表现。总之，各中队在中队文化建设过程中，致力于营造有导向作用的中队文化，并且不断提升学生对中华优秀传统文化的认识，激发学生对传统文化的热爱，使之在传统文化中汲取精神养分。

2. 心灵旅程：一是在班内开展积极教育班会课，以围坐的形式开展"鼓励树""掌中脑情绪控制"等班会，引导学生认识自己的情绪，营造和谐友善的班级氛围；二是学校专职心理教师针对性开展团体辅导活动，通过游戏体验、角色扮演等形式，帮助学生学会用合理的方式处理学习、生活中的问题。

三、 搭建"纯真舞台"，落实活动体验课程

"纯真舞台"从"精品活动""纯真故事会"两大模块开展并落实体验活动，通过在竞赛、观赏、体验及表演等过程中使学生进行自我教育，对学生进行品德行为的熏陶，培养纯真品德。

"纯真舞台"开展形式如下：

一是"精品活动"。以学生的文明礼仪和生活习惯为抓手，培养良好的学习和生活习惯，包括"好校风好家风建设""整理技能比赛"等。

二是"纯真故事会"。通过情景剧、故事创作等形式演绎道德故事，促进学生的认知发展和情绪、情感表达，旨在发挥一定程度的启发作用。具体实施如下：

（1）生活小剧场。根据不同主题进行分类，如个人品德与习惯、家庭美德、社会公德等。截取学生的学习生活片段，将道德品质、行为养成与日常生活结合起来，在编排和演绎生活小剧场的过程中，学生进一步认识品德的重要性，引导其形成良好品德。

（2）纸笔故事。学生以自身的学习生活为素材，创编或续写故事，并为故事配上插画，学生解读与分享作品，在集体中产生心灵共鸣和生活启发，促进其纯真品德的发展。

四、 创建"纯真社团"，感受道德品质真魅力

在社团上将学生的兴趣爱好和学习积极性相结合，将道德品质、行为养成等要素融入到社团课程中，指导学生开展相对应的体验活动。围绕思想品德学科特点，以提高学生的道德素养和培养道德行为为目标，设立以下社团：

1. 秘密花园社团：借助种子的成长探索生命成长的过程，体验生命的神奇和可贵。以多种形式进行种子成长故事的再创作，进一步体验生命的真谛，培养学生的创造力。

2. 世界咖啡社团：以"世界咖啡"会议模式进行讨论热点话题，如"学习软件的正确使用"，从不同角度发表对个人、家庭、学校、社会的建议，加深对问题的本质认识，在讨论中进行思维碰撞，萌生新的理解和共识，对法制的认识更为深刻。

3. 守护天使社团：以"培养童心，传递爱"为宗旨，引导学生参与爱心活动，给有困难的学生带去短期或长期帮助，体验帮助别人的快乐。

4. 心理社团：结合学生身心发展特点，传授心理健康知识，以体验活动为主，包括心理剧场、心理主题课程等，帮助学生形成健全的心理和人格。

五、 鼓励"纯真探究"，知行合一培养好品德

我校位于知识城南起步区的核心地带，周边有中新知识产权局等高新企业单位，教育资源丰富，提供更多参与社会实践的机会，培养学生纯真品德。"纯真探究"的主题形式如下：

1. 社区服务：参与社区社工服务站义工活动，如凤凰山保卫战、街道垃圾大清除等。

2. 区域研学：到广东国家知识产权局参观学习，进一步了解法律知识，加强法制观念。

3. 文化观光：通过走访历史名人古迹、领略文化经典等活动，如参观烈士陵园、博物馆等，体会中华民族优秀传统文化及民族精神，形成爱国、自强的品质。

综上所述，"纯真课堂""纯真舞台""纯真故事会""纯真社团""纯真探究"充分围绕儿童品德的认知特点和发展规律，在活动中渗透对儿童情感、态度、价值观的教育，促进纯真品德的发展。

总之，在儿童心中建立人生的灯塔，助力儿童树立正确的人生观、世界观和价值观，做一个有纯真品德的人，是"纯真品德"课程的追求。

第八章

趣味科学： 兴趣之光点亮科学探究之路

　　科学之趣源自生活，科学之境体现于生活，科学之美实践于生活。科学是复杂的、是神秘的、是值得深刻探索的一门学科。科学是探究世间万物的学科，有丰富而又深刻的内涵。趣味科学旨在培养学生科学思维，提高学生科学素养，努力让兴趣之光点亮科学之路，让探究之力打开创新之门，让我们一起遨游于梦幻多彩的科学世界，感悟独特的科学旅程。

凤凰湖小学科学组现有专任科学教师 1 人，兼职教师 1 人。依照学校制定的"智慧岛"课程理念，教研组认真开展教研活动、积极参加各类比赛。现依据教育部《关于深化课程改革落实立德树人根本任务的意见》和《义务教育小学科学课程标准》，我校对课程内容和社团活动进行选择和整合，推进科学学科课程建设。

第一节 科学是思维提升的旅途

一、 学科性质观

《义务教育小学科学课程标准》指出：小学科学课程是一门基础性课程。小学科学课程旨在全面提高学生的科学核心素养，培养科学思维，树立正确的科学世界观。

小学科学课程是一门实践性课程。探究活动是学生学习科学的重要方式。小学科学课程把探究活动作为学生学习科学的重要方式，强调从学生熟悉的日常生活出发，让学生通过亲身经历实践活动，在实践中体验和积累认知世界的经验。

小学科学课程是一门综合性课程。小学科学涵盖物质科学、生命科学、地球和宇宙科学、技术与工程四个领域知识，这四个领域知识之间是相互渗透和相互联系的，在课程设计中应当注重发挥不同知识领域的教育功能和思维培养功能。我校强调实现"趣味科学"课堂，由学引趣，以趣促教，让学生的科学学习之旅更具挑战。

小学科学课程是一门趣味性课程。课程中包含的各种各样自然现象和体验科学探究的过程都是有趣的；学生亲身经历的动手动脑等实践活动也充满了趣味；科学课程是各个领域之间的相互渗透和相互联系的，形式也是有趣的。

二、 学科课程理念

依据《义务教育小学科学课程标准》理念，结合我校文化和学科实际情况，提出核心概念为"趣味科学"。小学科学是倡导探究式学习的一门课程，充分发挥学生的主体性，培养学生的科学素养。科学教学应该跳出学科教学的窠臼，站在"育人"的高位来展开教学，让学生成为一个具有终身学习能力的学习者。基于此，我们"趣味科学"课程理念为：兴趣之光点亮科学探究之路。

所谓"趣味科学"，即"学问必须合乎自己的兴趣，方可得益"的课程，具体而言：

"趣味科学"有融汇之趣。本课程结构多元，涉及面广，是集各家之所长，融合不同科目特点的综合性 STEM 课程。"趣味科学"的课程及系列活动是从多角度、多层面进行设计的，贴近生活，让学生在融汇多彩的课堂中深入理解科学。

"趣味科学"有探究之趣。"趣味科学"是以探究式学习为主的课程。科学与其他课程相比最具特色之处就在于，科学课堂注重让学生体验科学探究的过程。

"趣味科学"源于生活，教师在课堂中从生活情境出发，结合学生经验和需求进行课程设计，培养学生在信息时代下的科学素养。

"趣味科学"有创新之趣。探究是创新的基础，创新是探究的延伸。"趣味科学"是以学生体验科学探究为基础，旨在发展学生的创新思维和创新能力。科学创新是在"趣味科学"课堂中逐渐渗透的，从培养科学精神，到质疑他人的观点，再到用新方法进行创新研究，为学生进入创新型社会做好准备。

总之，"趣味科学"源于生活，又回归于生活，以体验探究过程为基础，培养学生的科学思维，为学生种下科学的种子，让科学成为学生的兴趣，让科学进入到学生的生活。

第二节　思维与能力系统发展

科学学科课程的核心价值是：掌握基本的科学方法，培养科学精神。依据《义务教育小学科学课程标准》和《科学》教材，"趣味科学"力求通过多样化教学模式和教学方法,让学生形成实事求是、勇于创新的科学态度,努力做一名知识与能力并重的小小科学家。

一、 学科课程总体目标

依据《义务教育小学科学课程标准》,小学科学课程的总体目标主要有掌握科学知识、培养科学探究和科学态度这三个层面。丰富多彩的课程活动让学生在学习中不断培养正确的科学精神和科学态度,逐步培养创新意识和社会责任感。

为了实现上述课程目标,结合学校实际,现制定以下阶段性目标。

二、 学科课程学段目标

依据教科版小学《科学》教材及《义务教育小学科学课程标准》,我校科学学科学段目标设置如下(见表8-1、表8-2、表8-3、表8-4、表8-5、表8-6):

表8-1 一年级学段课程目标

上学期		下学期	
植物	比较与测量	我们周围的物体	动物
1. 认识周围校园常见的动物和植物。 2. 学会观察植物的特征,认识植物。 3. 培养学生珍爱生命、保护植物的意识。	1. 认识到周围的物品是有区别的,运用科学的方法进行比较和测量。 2. 初步用语言描述科学活动中所获得的信息。	1. 认识到物体具有不同的特征,可以被观察和描述。 2. 能用简单的语言对物体的特征进行描述 3. 尝试用绘画或表格的方式记录信息。	1. 知道动物会运动、呼吸、生长、繁殖和死亡。 2. 能用多种感官观察动物,能用语言和图画描述。 3. 认识到爱护动物、保护动物的重要性。

表 8-2　二年级学段课程目标

上学期		下学期	
我们的地球家园	材料	磁铁	我们自己
1. 清楚太阳每天的位置变化；知道不同的天气和季节现象。 2. 怎样利用太阳的位置辨认方向。 3. 倾听他人的想法，分享自己的想法。	1. 知道我们身边存在不同种类的材料。 2. 对身边的材料具有研究兴趣，学会初步研究材料。	1. 在观察活动中，初步认识到磁铁的性质和特点。 2. 小组合作仿制一个水浮式指南针。 3. 了解指南针为人类生活带来的便利，培养科学探究兴趣。	1. 初步认识我们身体的组成部分。 2. 回顾自己生长的变化，培养学生健康意识。

表 8-3　三年级学段课程目标

上学期	植物	1. 初步了解植物的构成部分；知道植物能产生后代。 2. 对有说服力的证据，能够调整自己想法。 3. 在生活中意识到植物对人类的重要性。
	动物	1. 初步了解动物的特征及生命周期，动物都能产生后代。 2. 运用维恩图记录观察内容，提出研究的问题。 3. 能分工协作，进行多人合作的探究学习。
	我们周围的材料	1. 能简单描述物体和材料的特点。 2. 运用各种感官观察各种材料制成的物品。 3. 意识到材料与人类世界紧密相关。
	水和空气	1. 初步了解地球上空气、水和土壤。 2. 识别并观察比较认识水、空气和其他液体的特征。 3. 乐于完成探究活动，分享自己的想法。
下学期	植物的生长变化	1. 认识到植物会经历生长、发育和死亡的过程。 2. 种植植物，能对植物进行观察和测量。 3. 认识到植物的生长变化是有规律的。
	动物的生命周期	1. 初步了解动物能产生自己的后代。 2. 通过引导，运用查阅分析资料的方法解决问题。 3. 培养保护自然环境中的动物的意识，领悟生命的可贵。
	温度与水的变化	1. 初步了解生活中的温度和水的变化。 2. 通过测量物体的温度，初步体验物体的热量变化。 3. 培养发展动手制作的兴趣，激发创造精神。

磁铁	1. 认识磁铁的磁性和磁极等简单性质。 2. 能够在老师的指导下,开展有关磁铁实验。 3. 在学习磁铁性质的同时,进一步了解生活中的磁应用。

表8-4　四年级学段课程目标

上学期	天气	1. 认识天气特征主要包括云量、降水量、风和气温。 2. 认识和学会使用测量天气的工具。 3. 将日常生活与科学知识相联系,培养学生热爱科学的态度。 4. 明确天气和人类日常生活息息相关,培养天气意识。
	溶解	1. 认识溶解的概念及不同状态的物质在水中溶解现象。 2. 在教师的指导下,能自主设计溶解实验。 3. 培养学生科学的思维方法和解决问题的能力。
	声音	1. 明确声音是如何产生的;描述声音的两个基本特性。 2. 能结合教材内容,小组合作设计简单的声音活动。 3. 发展对声音的研究兴趣,认识保护听力的重要性。
	我们的身体	1. 初步了解地球上大气、水和土壤。 2. 识别并观察认识水、空气其他液体的特征。 3. 对自己的身体感兴趣,体会人体构造和谐之美。
下学期	电	1. 初步了解电的基本知识和现象。 2. 在关于电的探究活动中,进行预测、观察、描述和记录实验的结果。 3. 运用文字和语言描述观察到的现象。
	新的生命	1. 认识繁殖是生物的基本特征,动物和植物都需要通过繁殖延续物种。 2. 能在教师的指导下,用适当的形式记录花的变化过程和果实的生长过程。 3. 培养亲近自然、欣赏自然、珍爱生命的态度。
	食物	1. 初步了解生活中的温度和水的变化。 2. 能科学、合理、均衡地饮食,改正错误的饮食习惯。 3. 学会合理搭配膳食营养,建立健康生活意识。
	岩石和矿物	1. 认识磁铁的磁性和磁极等简单性质。 2. 通过对岩石、矿物的观察、分类和描述。 3. 认识到人类生产、生活用品的许多原料取自岩石和矿物,产生爱护环境、保护矿物的意识。

表8-5　五年级学段课程目标

上学期	生物与环境	1. 初步认识生物的生存和非生物环境的关系。 2. 探究生态群落中生物和非生物相互依存的关系。 3. 培养学生保护大自然、维护生态平衡的态度。
	光	1. 认识光的传播特点及其生产的运用。 2. 通过简单的推测、实验设计和验证活动获得结果。 3. 阅读相关资料，了解光的运用。
	地球表面及其变化	1. 初步认识地球表面总的地形概貌特点及其变化原因。 2. 通过阅读资料、模拟实验等方法了解地球内部的运动。 3. 用文字、图画、符号记录实验结果，对自然现象和实验结果做出自己的解释。
	运动和力	1. 能独立测量力的大小，认识力的单位。 2. 能简单设计和制作一辆小车。 3. 记录观察现象，用简单的柱状图、折线图处理数据。
下学期	沉和浮	1. 认识到物体在水中都受到浮力，物体浸入水中的体积越大，受到的浮力也越大。 2. 利用浮力和重力的关系，解释物体在水中的沉浮现象。
	热	1. 初步了解热胀冷缩的原理。 2. 能对观察研究结果进行简单的整理、分析和概括。 3. 能根据平时生活的经历，对现象进行解释。
	时间的测量	1. 认识时间的定义及其简单的测量方法。 2. 在时间测量的活动中，了解时间的特点。 3. 了解前人在测量时间和解释自然现象方面所作的贡献，产生对时间的探究兴趣。
	地球的运动	1. 初步认识地球自转和公转现象。 2. 能通过模拟实验，认识和理解地球的自转和公转。 3. 感受到地球的运动与昼夜现象和四季交替密切相关。

表8-6　六年级学段课程目标

上学期	工具和机械	1. 初步认识简单工具的结构及其用途。 2. 能在教师的指导下，进行简单机械的使用和探究活动。 3. 培养学生对生活中工具的好奇心和探究意识。
	形状与结构	1. 了解不同物体的形状与结构特点。 2. 小组合作造出简单的桥。 3. 认识到物体的改变能为人类生活提供不同程度的便利。

续表

	能量	1. 初步了解电磁铁和发电机的工作原理。 2. 在探究电和磁的现象中，反复多次观察，坚持正确的观点。 3. 认识到科技发展和应用影响社会发展。
	生物的多样性	1. 丰富对生物的认识，了解生物与非生物之间的关系。 2. 基于生活经验，能自主设计植物探究活动。 3. 认识到生物与人类之间的关系，培养对大自然的热爱之情。
下学期	微小世界	1. 初步认识微观世界和学会使用放大镜。 2. 学会运用显微镜进行简单操作，使用适当的器材及技术观察细胞和微生物。 3. 认识到微生物与我们的生活有着密切的关系。
	物质的变化	1. 认识到物质的变化是有规律的，初步认识到物理变化和化学变化的区别。 2. 能对观察研究结果进行简单的整理、分析和概括，形成科学概念。 3. 人类可以利用物质的变化解决生产生活中的许多问题。
	宇宙	1. 认识时间的定义及其简单的测量方法。 2. 学习用图表、表格等来记录、整理、交流信息。 3. 感受到宇宙世界并不是遥不可及，可以通过不断地改进各种观测技术发现越来越多奥秘。
	环境和我们	1. 认识处理垃圾的方法以及如何设计垃圾填埋场。 2. 学会设计垃圾填埋场和垃圾处理的体验活动。 3. 培养资源意识，养成垃圾分类、节约资源的习惯。

第三节　航行在奇妙的科学海洋

为了实现上述课程目标，基于"趣味科学"的理念，我校的科学课程分为基础性课程和拓展型课程，基础型课程主要培养学生终身发展和适应未来社会所需的共同基础；拓展性课程主要满足学生的个性化学习需求，开发和培育学生的潜能和特长，让学生走进奇妙的科学世界。

一、学科课程结构

依据《义务教育小学科学课程标准》的相关要求,结合我校历史文化与学校课程理念以及科学学科课程理念,围绕小学科学学科"物质科学、生命科学、地球与宇宙科学、技术与工程"四个领域,我们以打造"趣味科学"为平台,培养学生有的放矢的创新性思维,全面提升学生的综合素养。基于"趣味科学"的学科理念和课程目标,我们设置了"趣味物理""趣味生命""趣味地理""趣味活动"四部分内容,具体如下(见图8-1):

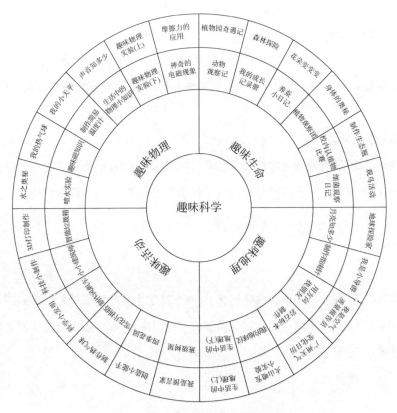

图8-1 "趣味科学"课程结构图

（一）趣味物理

物质科学是小学科学内容中非常重要的板块，涉及到的原理和活动较多而且较为复杂。我校设置了"趣味物理"课程内容，让学生在新颖丰富的活动中有效地学习物理知识，认知物质世界，增强学生探究欲望。

（二）趣味生命

生命科学是自然学科的基础学科之一。"趣味生命"课程通过对动物、植物的观察活动，让学生深刻认识到动物、植物乃至非生物环境与人类之间的关系，进一步提高学生的科学素养。

（三）趣味地理

基于学情，学生对地理方面的知识极其感兴趣。教师在科学课堂中结合研究热点，让学生在亲身实践的过程中，热爱科学，体验科学，建立起正确的宇宙观和科学观。

（四）趣味活动

"趣味活动"课程培养学生的动手探究、解决问题及创新能力。学生在一次次趣味实验和科技制作活动中提高学生综合运用科学知识的能力，培养科学精神。

二、 学科课程设置

"趣味科学"课程是从教材内容出发，针对在校学生实际情况量身打造的课程。根据不同学段学生的知识基础和生活经验编制不同的内容，由各年级段的任课老师组织实施，具体如下（见表 8 - 7）：

表 8-7　"趣味科学"课程设置表

学期 \ 课程		趣味物理	趣味生命	趣味地理	趣味活动
一年级	上学期	水之奥秘	植物园奇遇记	地球探险家	我是预言家
	下学期	喷水实验	动物观察记	月亮知多少	班级树屋
二年级	上学期	我的热气球	森林探险	我是小导游	创造小能手
	下学期	趣味磁知识	我的成长记录册	制作指南针	四季花园
三年级	上学期	我的小天平	花朵变变变	我是空气质量报告员	制作热气球
	下学期	制作简易温度计	养蚕小日记	用方向找朋友	雪花片拼搭
四年级	上学期	声音知多少	身体的奥秘	广州天气变化日历	科学小发明
	下学期	生活中的物理小知识	植物观察团	岩石标本制作	制作风帆车
五年级	上学期	趣味物理实验(上)	制作生态瓶	火山喷发小实验	科技小制作
	下学期	趣味物理实验(下)	校内认植物比赛	我的地球仪	小小建筑师
六年级	上学期	摩擦力的应用	观鸟活动	生活中的地理(上)	3D打印制作
	下学期	神奇的电磁现象	细菌观察日记	生活中的地理(下)	智能垃圾箱

第四节　修筑厚实的思维鸾巢

依据《义务教育小学科学课程标准》,科学学科通过构建"趣味课堂"、举办"趣味科技节"、打造"趣味社团"、开展"趣味乐高"课程等多种路径推进课程实施,让学生在趣味多彩的科学活动中体验学习的快乐。

一、 构建"趣味课堂"，激发课堂活力

科学的探究性、信息技术的多样性和乐高搭建的多元性，都可以用趣味活动激发学生的创造性。我们的原则是将趣味性融入到科学教学中，特提出"趣味课堂"的概念。

"趣味课堂"是目标切实、内容丰富、过程创新、方法多样、注重情怀的课堂。

趣味课堂是目标切实的课堂。学习目标是科学课堂的核心，在学习过程中起着方向性和决定性的作用。只有明确、具体、切实可行的学习目标，科学课堂才能更好地开展。

趣味课堂是内容丰富的课堂。生活有多么精彩，科学就有多么广阔。无论古今中外还是书本现实，俯拾皆是，我们要做的就是将其在科学课堂中融合起来，拓宽学生知识面。

趣味课堂是过程创新的课堂。教师在教学设计过程中，积极合理利用课程资源，灵活运用多种教学策略和现代教育技术，精心设计和组织教学活动，启迪学生智慧，提高科学课堂质量。

趣味课堂是方法多样的课堂。教学有法，教无定法。"趣味课堂"不是模式化和一成不变的。教师根据学生在课堂上学习表现和学习效果变化来调整教学方法。"趣味课堂"以灵活多变的教学活动和教学智慧滋养学生心灵，帮助学生建造属于自己的科学王国。

趣味课堂是情怀深广的课堂。教育之途，润泽心灵；教学之路，共生智情。"趣味课堂"除了传授学科知识，还肩负着培养学生科学精神的责任。"趣味课堂"不仅要将科学知识以趣味化的形式呈现，而且注重学生科学素养的培养。

总之，"趣味课堂"是多姿多彩、丰富实用、生动有趣，是根植于基础、展望于未来、有助于学生发展的课堂。具体而言：

1. 开展集体备课，推进校内教研。学科组长带领学科教师定期进行集体备课活

动,推进学校校内教研。

2. 创新课堂形式,领悟科学真谛。在不断的教学实践中,教师始终以"趣味课堂"为核心,创新多种课堂形式,如"翻转课堂""探究式课堂"等。

3. 注重潜移默化,引领价值观导向。"趣味课堂"根据科学学科的特点,注重熏陶感染、潜移默化,把与课堂相关的道德价值观内容渗透于日常的教学过程之中。

二、 开展"趣味小实验"，拓宽科学视野

实验是科学课堂的核心部分,掌握基本的实验知识和技能对学生深刻学习和感悟科学而言至关重要。我校科学探究室仪器和设备齐全,能满足不同年龄段学生的需求,有利于开展丰富多样的实践活动。

从学生实际出发,"趣味小实验"内容应结合学生兴趣,激发学生的探究欲望,充分发挥学生主观能动性,丰富学生亲身体验。小学生的思维特点主要是以具体形象思维为主,逐步向抽象思维过渡。学生思维特点和年龄特征是课程设计和开展的重要依据。教师在课堂过程中明确实验目标和内容,积极引导与直观演示相结合,带领学生走上有趣的科学实践之路。"趣味小实验"课程内容由易到难,层层深入,涉及面广,为学生提供了提高实验素养的平台,丰富科学概念,初步建构科学世界观。

三、 玩转"趣味乐高"，促进精神成长

我校乐高室是学校的重要组成部分,是课堂教学的重要场所,是 STEM 教学的阵地。我校乐高室能充分满足从低年段到高年段所有学生的需求,开展丰富有趣课堂活动。"趣味乐高"的开展与数学、科学和信息技术学科相融合,让学生在操作中体验,在实践中创新,在感悟中升华。

基于直观操作,乐高与数学学科融合,开发了低年段趣味数学课程。儿童时期的数学是学生对物体数量关系和空间形式的初步认识与感知,是有意义的探索而非枯燥

的符号记忆和机械训练。在丰富有趣的乐高搭建活动中,学生能掌握并运用数学知识,提高对数学的兴趣,提升应用数学知识解决问题的能力。

基于现实问题解决,将乐高与科学学科融合,在中年段科学课实施乐高"WeDo2.0"课程。在课堂中,教师设计一些引导性实验和开放性实验,学生可通过搭建、编程和修改项目,完成探索、创造并分享他们的科学作品。

基于搭建与程序,将乐高与信息技术学科融合,开发高年段信息技术"EV3"课程。多数学生喜欢机器人,但对于机器人的结构及控制方法知之甚少。该课程旨在引导学生通过"EV3"课程的系统学习,让学生在动手中深入了解。

通过各种各样的乐高课程来让学生感受到乐高的趣味性,在做中学的同时,可以锻炼学生的逻辑思维、创新思维和实践能力。

四、 举办"趣味科技节", 乐享科技之趣

学生是学习的主体,在教学中提高学生的学习兴趣变得尤为重要。基于此,我们开展多种多样的科技活动,让学生参与其中,在做中学,在做中思,将学、思、行结合起来。

结合我校办学理念和学生的实际情况,"趣味科技节"推出"小小科学家""小小发明家""环保时装秀"等课程活动。多种多样的活动不仅巩固学生的知识,而且拓宽学生的思维,并能把理论知识运用于实践,促进了学生的全面发展,具体如下(见表8-8):

表8-8 "趣味科技节"课程的设立与实施

活动名称	活动内容	组 织 实 施
小小科学家	科学实验	学生完成趣味科学小实验,评比展示
小小发明家	日常小发明	学生用日常的一些废纸和环保材料制作成一个小发明

续表

活动名称	活动内容	组织实施
环保时装秀	设计创意服装	学生利用自己的想象力和创造力改造身边的"废物"，展示创意时装
科学幻想绘画比赛	科学绘画	老师结合实际提出科幻画的主题，学生自主完成新颖美观的作品上交评分
科学手抄报大赛	手抄报制作	学生以小组合作形式完成手抄报作品，上交评分
趣味编程大赛	scratch 编程	老师指定主题，让学生根据该主题进行 scratch 作品的制作，可以是动画可以是小游戏，上交评分

"趣味科技节"既是科学活动的多彩展示，又是科学课堂的精彩反馈，能激发师生爱科学、学科学、用科学的热情，提高学生科学水平，在活动中发展逻辑思维能力，用智慧点亮梦想的星光。

五、打造"趣味社团"，展露个性风采

社团活动的开展，作为学校课堂教育的外延，发挥着重要的作用。"趣味社团"不仅能充分发挥学生的个性风采，更是学校精神建设的有力抓手。基于此，我校科学学科以创办社团为途径，满足学生个人发展需求，培养有创新能力的学生。

"趣味社团"的创建旨在创新提高，培养学生综合品质。"趣味社团"的实施一改过去的兴趣型社团的形式，向特长型、专业型发展，特创办"趣味编程""趣动 scratch""乐高 wedo2.0"等社团。

趣味编程，主要是学习用 scratch1.6 进行小游戏编程的学习，制作属于自己的游戏；趣动 scratch 则是用 scaratch2.0 来进行 scratch 动画的制作学习，使学生能按主题自行设计动画；乐高 wedo2.0 主要是进行乐高搭建的学习，按任务需要进行 wedo2.0 的编程，解决任务。

提升社团综合品质，是我校"趣味社团"文化发展的根本方向。在校领导的正确带

领，广大 STEM 科组成员的参与下，"趣味社团"一直遵循着学校对社团发展的要求，形成了集游戏作品呈现、动画制作、乐高展示、社会实践于一体的综合性学生社团。

　　总之，"趣味科学"课程带领学生在包罗万象的科学园地中感悟自然的美好，绽放明媚光彩。

后记

我校自办学之初,就确立了课程育人的思路。如何能让我校的课程更好地体现时代精神和文化内涵,从根本上解决"为谁培养人"和"怎样培养人"的核心问题,是我们的探索主题。

我们深知,课程是教育的核心。办学三年来,我们着眼于课程,深耕于课程,收获于课程。课程整合学校的教学资源,不断开拓教育的广度和深度。目前除国家课程外,我们特色校本课程分为必修和选修两部分,其中必修课程为硬笔书法、情境阅读、外教口语、攀登英语、粤剧、口风琴、舞蹈、篮球、手工、混龄科学;选修课程为:软笔书法、朗诵、名人岛国、趣味数学、卡通英语、魔方、葫芦丝、竖笛、跆拳道。这些课程丰富了孩子们的校园生活,开阔了视野,让每一个孩子朝着全面发展的方向稳步前行。

感谢全体教师的辛勤付出!学校自开办至今,从起步到稳健,再到精进,又在不断地求索变革,这些都离不开我校教师们的努力。在新办与质量的双重压力下,我校的教师们发挥团结务实、开拓进取的精神,不辞辛苦、且行且思。

祝愿孩子们自由生长,绽放灿烂的个性!

学校整体课程规划的七个关键	978 - 7 - 5760 - 0424 - 3	62.00	2021 年 3 月
课堂教学的 30 个微技术	978 - 7 - 5760 - 1043 - 5	52.00	2020 年 12 月
教学诠释学	978 - 7 - 5760 - 0394 - 9	42.00	2020 年 9 月
原点教学:提升区域育人质量的策略研究			
	978 - 7 - 5760 - 0212 - 6	56.00	2020 年 8 月

学校课程发展精品丛书

学科课程群与全经验学习	978 - 7 - 5760 - 0583 - 7	48.00	2021 年 1 月
育人目标与课程逻辑	978 - 7 - 5760 - 0640 - 7	52.00	2021 年 2 月
学科课程与深度学习	978 - 7 - 5760 - 0505 - 9	52.00	2021 年 2 月
学校课程的文化表情:百花园课程的学科指向与深度实施			
	978 - 7 - 5760 - 0677 - 3	38.00	2021 年 2 月
学校文化与课程变革	978 - 7 - 5760 - 0544 - 8	62.00	2021 年 2 月
语文天生重要:语文学科课程群设计			
	978 - 7 - 5760 - 0655 - 1	44.00	2021 年 2 月
五育并举的课程体系:致良知课程的旨趣与探索			
	978 - 7 - 5760 - 0692 - 6	48.00	2021 年 1 月
学科课程与育人质量	978 - 7 - 5760 - 0654 - 4	48.00	2021 年 1 月
在地文化与课程图谱	978 - 7 - 5760 - 0718 - 3	46.00	2021 年 2 月
中观课程设计与学科课程发展	978 - 7 - 5760 - 0624 - 7	36.00	2021 年 1 月
大教学:英语学科核心素养培育的课程模式			
	978 - 7 - 5760 - 0462 - 5	46.00	2021 年 1 月

特色学校聚焦丛书

不一样的生命,一样的精彩	978 - 7 - 5675 - 8675 - 8	34.00	2019 年 3 月

童味正醇:特色学校的文化图谱	978 - 7 - 5675 - 8944 - 5	39.00	2019 年 8 月
特色普通高中课程建设探索	978 - 7 - 5675 - 9574 - 3	34.00	2019 年 10 月
儿童是天生的探索者:360°科学启蒙教育			
	978 - 7 - 5675 - 9273 - 5	36.00	2020 年 2 月
做精神灿烂的教师:教师自我成长的 5 个密码			
	978 - 7 - 5760 - 0367 - 3	34.00	2020 年 7 月
让教育温暖而芬芳	978 - 7 - 5760 - 0537 - 0	36.00	2020 年 9 月
快乐教育与内涵生长	978 - 7 - 5760 - 0517 - 2	46.00	2020 年 12 月
故事教育与儿童发展	978 - 7 - 5760 - 0671 - 1	39.00	2021 年 1 月
美好教育:学校内涵发展的循证研究			
	978 - 7 - 5760 - 0866 - 1	34.00	2021 年 3 月
把美好种进儿童心田	978 - 7 - 5760 - 0535 - 6	36.00	2021 年 3 月

跨学科课程丛书

大情境课程:主题设计与创意评价			
	978 - 7 - 5760 - 0210 - 2	44.00	2020 年 5 月
社会参与素养的培育模型与干预机制			
	978 - 7 - 5760 - 0211 - 9	36.00	2020 年 5 月
大概念课程:幼儿园特色主题活动设计			
	978 - 7 - 5760 - 0656 - 8	52.00	2020 年 8 月
项目学习:进入学科的课程智慧	978 - 7 - 5760 - 0578 - 3	38.00	2021 年 4 月

核心素养导向的课堂教学丛书

漾着诗性智慧的课堂教学	978 - 7 - 5675 - 9308 - 4	39.00	2019 年 7 月

转识成智的课堂教学:核心素养导向的历史教学

        978 - 7 - 5760 - 0164 - 8   40.00   2020 年 5 月

学导式教学:学会学习的教学范式

        978 - 7 - 5760 - 0278 - 2   42.00   2020 年 7 月

高阶思维教学的关键技术   978 - 7 - 5760 - 0526 - 4   42.00   2021 年 1 月

会呼吸的语文课:有氧语文的旨趣与实践

        978 - 7 - 5760 - 1312 - 2   42.00   2021 年 5 月

特色课程建设丛书

教师,生长的课程   978 - 7 - 5760 - 0609 - 4   34.00   2020 年 12 月

学校课程发展的实践范式   978 - 7 - 5760 - 0717 - 6   46.00   2020 年 12 月

丰富学习经历:如歌式课程的愿景与深度

        978 - 7 - 5760 - 0785 - 5   42.00   2020 年 12 月

学科课程群设计方法   978 - 7 - 5760 - 0579 - 0   44.00   2021 年 3 月

学校美育课程的立体建构:菁华园课程的逻辑与框架

        978 - 7 - 5760 - 0610 - 0   36.00   2021 年 3 月

关键学习素养与学科课程设计   978 - 7 - 5760 - 1208 - 8   34.00   2021 年 4 月

学校课程设计:愿景建构与深度实施

        978 - 7 - 5760 - 1429 - 7   52.00   2021 年 4 月

生长性课程:看见儿童生长的力量   978 - 7 - 5760 - 1430 - 3   52.00   2021 年 4 月

"慧阅读"课程:儿童视角   978 - 7 - 5760 - 1608 - 6   42.00   2021 年 6 月

诗意栖居的课程愿景:智慧岛课程的逻辑与深度

        978 - 7 - 5760 - 1431 - 0   44.00   2021 年 7 月